Day 01

本を読んだ。
책을 읽었다.

1그룹 동사의 た형을 마스터한다.

- う・つ・る로 끝나는 동사의 た형 익히기
- ぬ・ぶ・む로 끝나는 동사의 た형 익히기
- く・ぐ・す로 끝나는 동사의 た형 익히기

STEP 1 진짜자 일본어 준비물 체크하기

✈ 1그룹 동사의 た형을 익히고, 과거형으로 말하는 연습을 해 봅시다.

☑ 체크리스트 1그룹 う・つ・る로 끝나는 동사의 た형
う・つ・る ➡ った

1그룹 동사는 크게 3개의 규칙으로 활용되는데 「う・つ・る」로 끝나는 동사는 「った」로 바뀝니다.

사전형	た형	따라 써 보기
会う 만나다	会った 만났다	会った
買う 사다	買った 샀다	買った
待つ 기다리다	待った 기다렸다	待った
立つ 일어서다	立った 일어섰다	立った
乗る 타다	乗った 탔다	乗った
作る 만들다	作った 만들었다	作った

1그룹 ぬ・ぶ・む로 끝나는 동사의 た형
ぬ・ぶ・む ➡ んだ

1그룹 동사 중 「ぬ・ぶ・む」로 끝나는 동사는 「んだ」로 바꿉니다.

사전형	た형	따라 써 보기
死ぬ 죽다	死んだ 죽었다	死んだ
呼ぶ 부르다	呼んだ 불렀다	呼んだ
遊ぶ 놀다	遊んだ 놀았다	遊んだ
読む 읽다	読んだ 읽었다	読んだ
飲む 마시다	飲んだ 마셨다	飲んだ

1그룹 く・ぐ・す로 끝나는 동사의 た형
く・ぐ ➡ いた・いだ
す ➡ した

1그룹 동사 중 「く」나 「ぐ」로 끝나는 동사는 각각 「いた」와 「いだ」로 바꿉니다. 그러나 예외적으로 '가다'라는 뜻의 동사 「行く」는 「行いた」가 아닌 「行った」라고 활용합니다. 「す」로 끝나는 동사는 「した」로 바꿉니다.

사전형	た형	따라 써 보기
書く 쓰다	書いた 썼다	書いた
聞く 묻다/듣다	聞いた 물었다/들었다	聞いた
行く 가다	예외 行った 갔다	行った
泳ぐ 헤엄치다	泳いだ 헤엄쳤다	泳いだ
脱ぐ 벗다	脱いだ 벗었다	脱いだ
話す 이야기하다	話した 이야기했다	話した
貸す 빌려주다	貸した 빌려줬다	貸した

쓰기 읽기 말하기

 다음 어휘를 과거형으로 바꾸어 말하고 문장을 완성해 봅시다.

어제/친구/놀다

昨日/友だち/遊ぶ

➡ 어제 친구와 놀았다.

昨日友だちと遊んだ。

새롭다/스마트폰/사다

新しい/スマホ/買う

➡ 새 스마트폰을 샀다.

新しいスマホを買った。

정답 개수 ☐ / 15

1 다음 빈칸에 알맞은 히라가나를 넣어 보세요.

① 書く — 書☐☐
쓰다   썼다

② 会う — 会☐☐
만나다   만났다

③ 死ぬ — 死☐☐
죽다   죽었다

2 다음 동사의 た형을 알맞은 뜻에 연결해 보세요.

① 呼んだ •   • A 불렀다

② 話した •   • B 벗었다

③ 脱いだ •   • C 이야기했다

3 다음 보기의 어휘를 참고하여 우리말에 맞게 일본어로 써 보세요.

> **보기**
> 友だち 친구 ┃ 待つ 기다리다 ┃ かさ 우산 ┃
> 貸す 빌려주다 ┃ パソコン PC ┃ 買う 사다

① 친구를 기다렸다. ➡ _____。

② 우산을 빌려줬다. ➡ _____。

③ PC를 샀다. ➡ _____。

4 다음 동사 た형의 활용이 맞으면 ○, 틀리면 X로 표시해 보세요.

① 行いた 갔다 ➡ (   )

② 飲んだ 마셨다 ➡ (   )

③ 聞った 들었다 ➡ (   )

④ 作った 만들었다 ➡ (   )

JLPT N4 기출 유형 맛보기

5 다음 문장의 (   )에 들어갈 것으로 가장 적당한 것을 1·2·3·4에서 하나 고르세요.

① みんなでケーキを(   )。 다 같이 케이크를 만들었다.

　1 聞いた　　2 書いた　　3 待った　　4 作った

② お腹が痛くて病院に(   )。 배가 아파서 병원에 갔다.

　1 会った　　2 行った　　3 乗った　　4 立った

정답은 정답 체크 2p에서 확인하세요!

Day 02

お菓子を食べた。
과자를 먹었다.

2그룹 동사와 3그룹 동사의 た형을 마스터한다.

- る로 끝나는 2그룹 동사의 た형 익히기
- 3그룹 동사 来る・する의 た형 익히기

STEP 1 진짜자 일본어 준비물 체크하기

2그룹과 3그룹 동사의 た형을 익히고, 과거형으로 말하는 연습을 해 봅시다.

2그룹 る로 끝나는 동사의 た형
る ➡ た

2그룹 동사는 끝「る」를 떼고「た」를 연결합니다.

사전형	た형	따라 써 보기
見る 보다	見た 봤다	見た
いる 있다	いた 있었다	いた
起きる 일어나다	起きた 일어났다	起きた
着る 입다	着た 입었다	着た
食べる 먹다	食べた 먹었다	食べた
寝る 자다	寝た 잤다	寝た
覚える 기억하다	覚えた 기억했다	覚えた
教える 가르치다	教えた 가르쳤다	教えた

 **3그룹 동사 来る・する의 た형**
불규칙 활용

3그룹 동사의 た형은 불규칙으로 활용되므로 주의해야 합니다.

사전형	た형	따라 써 보기
来る 오다	来た 왔다	来た
する 하다	した 했다	した

STEP 2 진짜자 일본어 연습하기

쓰기 읽기 말하기

다음 어휘를 과거형으로 바꾸어 말하고 문장을 완성해 봅시다.

주말/게임/하다

週末/ゲーム/する

➡ 주말에 게임을 했다.

週末にゲームをした。

아침밥/이미/먹다

朝ご飯/もう/食べる

➡ 아침밥은 이미 먹었다.

朝ご飯はもう食べた。

가족/영화/보다

家族/映画/見る

➡ 가족과 영화를 봤다.

家族と映画を見た。

야마다/노래방/가다

山田/カラオケ/行く

➡ 야마다와 노래방에 갔다.

山田とカラオケに行った。

STEP 3  일본어 여행하기

정답 개수 ☐ / 15

1 다음 빈칸에 알맞은 히라가나를 넣어 보세요.

① 見る — 見☐
　보다　　　봤다

② 食べる — 食☐☐
　먹다　　　먹었다

③ する — ☐☐
　하다　　　했다

2 다음 동사 た형의 활용이 맞으면 O, 틀리면 X로 표시해 보세요.

① 寝た　　잤다　➡　(　)

② 来いた　왔다　➡　(　)

③ いった　있었다　➡　(　)

3 다음을 읽고 보기를 활용하여 빈칸을 채워 보세요.

보기) 教える 가르치다 | 起きる 일어나다 | 着る 입다

① 入学式の時、きものを _____。 입학식 때 기모노를 입었다.

② 今朝1時間早く _____。 오늘 아침 1시간 일찍 일어났다.

③ 大学でピアノを _____。 대학교에서 피아노를 가르쳤다.

4 다음 보기의 어휘를 참고하여 우리말에 맞게 일본어로 써 보세요.

 보기

電話 전화 | かける 걸다 | 家 집 | 出る 나오다 |
シャワーをあびる 샤워를 하다 | 窓 창문 | 開ける 열다

① 전화를 걸었다. ➡ _____ 。

② 집을 나왔다. ➡ _____ 。

③ 샤워를 했다. ➡ _____ 。

④ 창문을 열었다. ➡ _____ 。

JLPT N4 기출 유형 맛보기

5 ＿＿＿의 단어는 히라가나로 어떻게 씁니까? 1・2・3・4 중 가장 올바른 것을 하나 고르세요.

① <u>覚えた</u>ことをすぐ忘れてしまいます。 외운 것을 바로 잊어버리고 맙니다.

　1 つたえた　　2 かんがえた　　3 おぼえた　　4 おしえた

② 上田さんからメールが<u>来た</u>。 우에다 씨로부터 메일이 왔다.

　1 きた　　2 こた　　3 した　　4 ねた

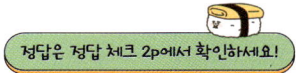
정답은 정답 체크 2p에서 확인하세요!

한 줄 여행 일본어

이자카야의 본고장에서는 어떤 어휘를 쓸까요? 잠깐 체크해 볼까요?

お通し 기본 안주 | 生ビール(줄여서 生라고도 함) 생맥주 | 取り皿 앞접시 | しめ 술자리 마지막 메뉴

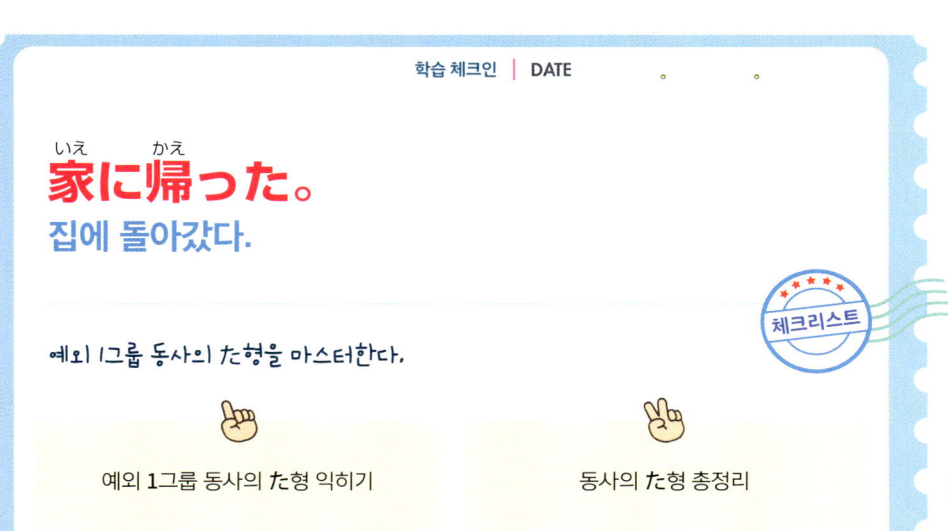

Day 03

家に帰った。
집에 돌아갔다.

예외 1그룹 동사의 た형을 마스터한다.

- 예외 1그룹 동사의 た형 익히기
- 동사의 た형 총정리

STEP 1  일본어 준비물 체크하기

✈️ 예외 1그룹 동사의 た형을 익히고, 그룹별로 총정리를 해 봅시다.

 예외 1그룹 동사의 た형
る ➡ った

예외 1그룹 동사인 경우 「い단+る」나 「え단+る」로 끝나더라도 2그룹 동사처럼 「る」를 떼고 「た」를 연결하는 것이 아니라, 「った」로 연결해야 합니다.

사전형	た형	따라 써 보기
切(き)る 자르다	切(き)った 잘랐다	切った
入(はい)る 들어가(오)다	入(はい)った 들어갔(왔)다	入った
帰(かえ)る 돌아가(오)다	帰(かえ)った 돌아갔(왔)다	帰った
減(へ)る 줄다	減(へ)った 줄었다	減った

 예외 1그룹 동사는 위 동사 외에도 「知(し)る(알다)」, 「走(はし)る(달리다)」, 「要(い)る(필요하다)」 등도 있으니 함께 알아둡시다.

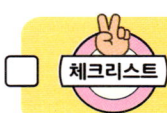 **체크리스트** 동사의 た형 총정리

동사의 た형의 접속 방법을 그룹별로 구분하여 정리해 봅시다.

그룹	た형 접속 방법	예
1그룹	끝이 う·つ·る ➡ った	会う ➡ 会った 만났다 待つ ➡ 待った 기다렸다 乗る ➡ 乗った 탔다
1그룹	끝이 ぬ·ぶ·む ➡ んだ	死ぬ ➡ 死んだ 죽었다 呼ぶ ➡ 呼んだ 불렀다 読む ➡ 読んだ 읽었다
1그룹	끝이 く·ぐ ➡ いた·いだ	書く ➡ 書いた 썼다 行く ➡ 行った 갔다 (예외) 泳ぐ ➡ 泳いだ 헤엄쳤다
1그룹	끝이 す ➡ した	話す ➡ 話した 이야기했다
2그룹	る ➡ た	見る ➡ 見た 봤다 食べる ➡ 食べた 먹었다
3그룹	불규칙 활용	来る ➡ 来た 왔다
3그룹	불규칙 활용	する ➡ した 했다

 체크리스트 확인완료!

 **STEP 2** 진짜 일본어 연습하기

쓰기 읽기 말하기

 다음 어휘를 과거형으로 바꾸어 말하고 문장을 완성해 봅시다.

카페/책/읽다   カフェ/本/読む

➡ 카페에서 책을 읽었다.   カフェで本を読んだ。

집/일찍/돌아가다   家/早く/帰る

➡ 집에 일찍 돌아갔다.   家に早く帰った。

STEP 3  일본어 여행하기

정답 개수 ☐ / 15

1 다음 보기 중 예외 1그룹 동사는 몇 개인지 써 보세요.

보기
起きる 일어나다 ｜ 切る 자르다 ｜ 来る 오다 ｜ 見る 보다 ｜
寝る 자다 ｜ 帰る 돌아가다 ｜ 入る 들어가다

답 : _____ 개

2 다음 문장을 읽고 동사의 た형을 올바르게 읽은 것을 고르세요.

① 리포트를 <u>썼다</u>.　　レポートを　　（ A 書いた　B 書いだ ）。

② 고국으로 <u>돌아갔다</u>.　　国へ　　（ A 帰った　B 帰た ）。

③ 가위로 종이를 <u>잘랐다</u>.　　はさみで紙を　　（ A 切った　B 切た ）。

④ 강아지가 병으로 <u>죽었다</u>.　　犬が病気で　　（ A 死いた　B 死んだ ）。

3 다음 빈칸에 들어갈 알맞은 히라가나를 넣어 보세요.

① 待つ　➡　駅前で彼女を待☐☐。
기다리다　　역 앞에서 여자친구를 기다렸다.

② 覚える　➡　新しい漢字を覚☐☐。
외우다　　새로운 한자를 외웠다.

③ 話す　➡　先生と日本語で話☐☐。
이야기하다　　선생님과 일본어로 이야기했다.

④ 会う　➡　レストランで友だちに会☐☐。
만나다　　레스토랑에서 친구를 만났다.

4 다음을 순서에 맞게 배열해 보세요.

① 借りた　図書館で　本　を　도서관에서 책을 빌렸다.

➡ _____。

② 買った　新聞　を　コンビニで　편의점에서 신문을 샀다.

➡ _____。

③ タクシーに　時　帰る　乗った　돌아갈 때 택시를 탔다.

➡ _____。

④ 着た　を　新しい　シャツ　새 셔츠를 입었다.

➡ _____。

JLPT N4 기출 유형 맛보기

5 _____의 단어는 히라가나로 어떻게 씁니까? 1·2·3·4 중 가장 올바른 것을 하나 고르세요.

① 彼女は長いかみの毛を短く<u>きった</u>。 그녀는 긴 머리를 짧게 잘랐다.

　1 切った　　2 知った　　3 減った　　4 走った

② 今年むすめが小学校に<u>はいった</u>。 올해 딸이 초등학교에 들어갔다.

　1 入った　　2 乗った　　3 帰った　　4 行った

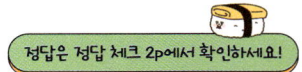
정답은 정답 체크 2p에서 확인하세요!

Day 04

학습 체크인 | DATE

学んだことがあります。
배운 적이 있습니다.

경험 유무를 나타내는 표현을 마스터한다.

- 동사로 경험한 적 있다고 말하기
- 동사로 경험한 적 없다고 말하기

STEP 1 : 일본어 준비물 체크하기

동사의 た형을 활용하여 경험의 유무를 자유롭게 말하는 연습을 해 봅시다.

～たことがある　～한 적이 있다
동사의 た형 + ことがある

「～たことがある(～한 적이 있다)」는 어떤 일을 경험한 적이 있다는 것을 말할 때 사용합니다.

新幹線に乗ったことがある。　　신칸센을 탄 적이 있다.

おせち料理を食べたことがあります。　오세치 요리를 먹은 적이 있습니다.

タイ語を学んだことがあります。　　태국어를 배운 적이 있습니다.

단어
新幹線 신칸센
おせち料理 오세치 요리 (일본 설 명절 음식)
大学 대학(교)
タイ語 태국어
学ぶ 배우다

> 꿀팁! 조사 「が」 대신 「も」를 써서 「～たこともある(～한 적도 있다)」라고 하면 어떤 경험 이외에 또 다른 경험도 있다는 뉘앙스를 전달할 수 있습니다.
> 예) 大阪に行ったことがある。 오사카에 간 적이 있다.
> 　　 大阪に行ったこともある。 오사카에 간 적도 있다.

 **～たことがない　～한 적이 없다**
동사의 た형 + ことがない

「～たことがない(～한 적이 없다)」는 어떤 일을 경험한 적이 없다고 말할 때 사용합니다. 정중 표현은「ない」를「ないです」또는「ありません」으로 바꾸면 됩니다.

猫を飼ったことがない。	고양이를 키운 적이 없다.
ドイツ映画を見たことがないです。	독일 영화를 본 적이 없습니다.
授業に遅れたことがありません。	수업에 늦은 적이 없습니다.

단어
猫 고양이
飼う 키우다
ドイツ 독일
映画 영화
授業 수업
遅れる 늦다

STEP 2 진짜쌤 일본어 연습하기

쓰기　읽기　말하기

다음 어휘를 사용해서 경험을 나타내는 문장을 완성해 봅시다.

술/마시다
➡ 술을 마신 적이 있다.

お酒/飲む
 お酒を飲んだことがある。

담배/피우다
➡ 담배를 피워 본 적이 없다.

タバコ/吸う
タバコを吸ったことがない。

아르바이트/하다
➡ 아르바이트를 한 적이 없습니다.

バイト/する
バイトをしたことがないです。

스키야키(불고기 전골)/먹다
➡ 스키야키를 먹은 적이 있습니다.

すきやき/食べる
すきやきを食べたことがあります。

STEP 3  일본어 여행하기

정답 개수 ☐ / 15

1 다음 동사를 보고 우리말 의미에 맞게 바꿔 보세요.

① 学ぶ — _____ — _____
   배우다   배운 적이 있다   배운 적이 없다

② 撮る — _____ — _____
   찍다   찍은 적이 있다   찍은 적이 없다

③ 来る — _____ — _____
   오다   온 적이 있다   온 적이 없다

④ 買う — _____ — _____
   사다   산 적이 있다   산 적이 없다

2 다음 보기를 경험이 있음/없음으로 나눠 보세요.

 보기

~たことがない ┃ ~たことがある ┃ ~たことがありません ┃
~たことがあります ┃ ~たことがないです

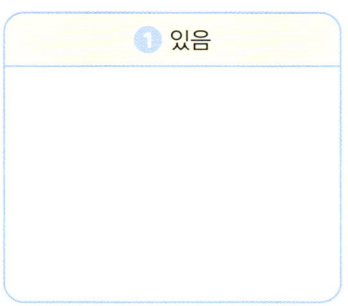

① 있음

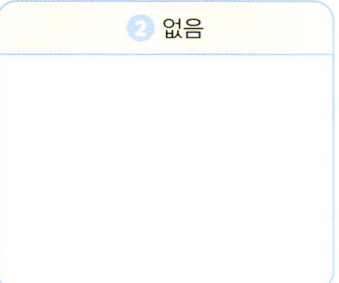

② 없음

3 다음을 읽고 틀린 곳을 고치세요.

① フランス料理を食べることがある。   프랑스 요리를 먹은 적이 있다.

② 中国に行ったものがない。   중국에 간 적이 없다.

③ 飛行機に乗ることがありません。   비행기를 탄 적이 없습니다.

3

4 다음을 읽고 보기를 활용하여 대화를 완성해 보세요.

> 보기: 登る 오르다 ｜ 見る 보다 ｜ 聞く 듣다

1. 富士山に ❶ _____ 。
   후지산에 오른 적이 있습니까?

   いいえ、❷ _____ 。
   아니요, 오른 적이 없습니다.

   テレビで ❸ _____ 。
   TV에서 본 적이 있습니다.

2. J-POPを ❹ _____ ?
   J-POP을 들은 적이 있어?

   うん、大好き。
   응, 아주 좋아해.

JLPT N4 기출 유형 맛보기

5 다음 문장의 ( )에 들어갈 것으로 가장 적당한 것을 1·2·3·4에서 하나 고르세요.

❶ このざっしを( )ことがない。 이 잡지를 읽은 적이 없다.

1 読んで   2 読んだ   3 読まない   4 読む

❷ 妹に料理を作ってあげた( )。 여동생에게 요리를 만들어 준 적이 있습니다.

1 ことがいます   2 ことがあります
3 ものがいます   4 ものがあります

정답은 정답 체크 2p에서 확인하세요!

Day 05

犬と遊んだりします。
개와 놀거나 합니다.

학습 체크인 | DATE

열거와 추측을 나타내는 표현을 마스터한다.

- 동사의 た형을 활용하여 열거와 반복 말하기
- 하나의 예를 제시하며 추측 말하기

STEP 1 신전지자 일본어 준비물 체크하기

✈️ 동사의 た형을 활용한 열거와 추측 표현을 익히고 자유롭게 말해 봅시다.

~たり~たりする   ~하거나 ~하거나 한다
동사의 た형 + り + 동사의 た형 + りする

「~たり~たりする(~하거나 ~하거나 한다)」는 여러 가지 일 중에서 몇 가지를 예로 들어 열거할 때 사용하는 표현입니다. 서로 대조적인 단어를 사용하여 반복되는 것을 나타내기도 합니다.

週末はゲームをしたり、犬と遊んだりします。
주말에는 게임을 하거나 개와 놀거나 합니다.

暇な時はパンを作ったり、本を読んだりする。
한가할 때는 빵을 만들거나 책을 읽거나 한다.

仕事で海外を行ったり来たりしている。
일로 해외를 왔다 갔다 하고 있다.

단어
- 週末 주말
- ゲーム 게임
- 暇だ 한가하다
- パン 빵
- 作る 만들다
- 仕事 일
- 海外 해외

💡 **꿀팁!** 동사 외에 い형용사는 「~かったり」, な형용사와 명사는 「~だったり」처럼 과거형에 「り」를 연결하여 활용할 수 있다는 점도 함께 알아둡시다.

 **~たりして ~하거나 한 거 아냐?**
동사의 た형 + りして

「~たりして(~하거나 한 거 아냐?)」는 여러 가지 일 중에서 하나의 예를 들어 그럴 가능성이 있다는 것을 나타내는 표현입니다. 주로 친한 사이에서 쓰는 격의 없는 회화체로, 상대방의 관계를 고려하며 사용하도록 주의해 주세요.

A: 山田くん、まだ来ないね。 야마다 군 아직 안 오네.
B: もしかして先に行ったりして。 혹시 먼저 가거나 한 거 아냐?

A: ゆき、一日中笑ってるよね。 유키, 하루 종일 웃고 있어.
B: 何かいいことがあったりして。 뭔가 좋은 일이 있거나 한 거 아냐?

단어
先 먼저
一日中 하루 종일
笑う 웃다
何か 무언가, 뭔가

STEP 2 신나자 일본어 연습하기

쓰기 / 읽기 / 말하기

다음 어휘를 활용하여 문장을 완성해 봅시다.

책/읽다/차/마시다 → 本/読む/お茶/飲む
➡ 책을 읽거나 차를 마시거나 합니다. 　本を読んだり、お茶を飲んだりします。

노래방/가다/음악/듣다 → カラオケ/行く/音楽/聞く
➡ 노래방에 가거나 음악을 듣거나 한다. 　カラオケに行ったり、音楽を聞いたりする。

TV/보다/청소/하다 → テレビ/見る/そうじ/する
➡ TV를 보거나 청소를 하거나 합니다. 　テレビを見たり、そうじをしたりします。

친구/만나다/집/쉬다 → 友だち/会う/家/休む
➡ 친구와 만나거나 집에서 쉬거나 한다. 　友だちと会ったり、家で休んだりする。

STEP 3  일본어 여행하기

정답 개수 ☐ / 15

1 다음 보기와 같이 단어를 활용하여 「～たり～たりする」 형태를 만들어 보세요.

보기
走る・歩く ➡ 走ったり歩いたりする。
뛰다・걷다   뛰거나 걷거나 한다.

① 食べる・飛む ➡ _____。
  먹다・마시다   먹거나 마시거나 한다.

② 出る・入る ➡ _____。
  나오다・들어가다   나왔다 들어갔다 한다.

③ 行く・来る ➡ _____。
  가다・오다   왔다 갔다 한다.

④ 遊ぶ・寝る ➡ _____。
  놀다・자다   놀거나 자거나 한다.

2 다음 어휘를 알맞은 뜻에 연결해 보세요.

① 先　　•　　　　　　　•　A　해외

② 海外　•　　　　　　　•　B　하루 종일

③ 一日中 •　　　　　　　•　C　먼저

3 다음을 읽고 틀린 곳을 고치세요.

① ブログを書きたりゲームをすたりする。　　블로그를 쓰거나 게임을 하거나 한다.

② 花火を見るたり海で泳ぎだりした。　　불꽃놀이를 보거나 바다에서 수영하거나 했다.

③ 映画を見ながら泣きたり笑たりした。　　영화를 보면서 울다가 웃다가 했다.

3

4 다음을 읽고 보기를 활용하여 대화를 완성해 보세요.

보기 撮る 찍다, 촬영하다 ｜ 死ぬ 죽다 ｜ 高い 비싸다

1. あそこ、人が多いね。何かしているのかな。
   저쪽 사람이 많네. 무언가 하고 있는 걸까?

   ドラマを ① _____ 。
   드라마를 찍거나 한 거 아냐?

2. みゆき、一日中泣いているよ。
   미유키 하루 종일 울고 있어.

   飼っていたペットが ② _____ 。
   기르던 반려동물이 죽거나 한 거 아냐?

3. あのくつ、かっこいいよね。いくらかな。
   저 신발 멋있지! 얼마일까?

   すごく ③ _____ 。
   엄청 비싸거나 한 거 아냐?

JLPT N4 기출 유형 맛보기

5 다음 문장의 ( )에 들어갈 것으로 가장 적당한 것을 1·2·3·4에서 하나 고르세요.

① 週末は運動( )友だちに会ったりする。 주말에는 운동하거나 친구를 만나거나 한다.

1 しない 2 した 3 したり 4 したい

② 先生に( )辞書で調べたりした。 선생님한테 묻거나 사전으로 찾거나 했다.

1 聞いたり 2 聞きながら 3 聞いた 4 聞かなくて

Day 06

窓を開けたまま出かけました。
창문을 열어둔 채로 외출했습니다.

학습 체크인 | DATE

상태를 나타내는 표현을 마스터한다.

- 동사의 た형을 활용한 상태의 계속 표현하기
- 동사의 ない형을 활용한 상태의 계속 표현하기

STEP 1 신저자 일본어 준비물 체크하기

동사를 활용한 상태의 계속을 나타내는 표현을 익히고, 자유롭게 말해 봅시다.

체크리스트
~たまま ~채(로)
동사의 た형 + まま

「~たまま(~채)」는 어떤 상태나 동작이 현재까지 변하지 않고 계속되고 있다는 것을 나타냅니다.

窓を開けたまま出かけてしまいました。
창문을 열어둔 채로 외출하고 말았습니다.

友だちにノートを借りたまま、まだ返していない。
친구에게 노트를 빌린 채 아직 돌려주지 않았다.

エアコンをつけたまま寝るのは体によくない。
에어컨을 켠 채로 자는 것은 몸에 좋지 않다.

단어
窓 창문
開ける 열다
出かける 외출하다
借りる 빌리다
返す 돌려주다
エアコンをつける 에어컨을 켜다
体 몸

꿀팁! 「ありのまま(있는 그대로)」「このまま(이대로)」「生のまま(날 것인 대로)」
등과 같이 관용적으로 쓰이는 표현도 함께 알아둡시다.

 **~ないまま ~않은 채(로)**
동사의 ない형 + まま

「~ないまま(~않은 채)」는 「まま」의 앞에 「ない」를 붙여 사용하며, 어떤 동작을 하지 않은 상태로 방치되어 있다는 뉘앙스를 나타냅니다.

化粧を落とさないまま寝てしまった。
화장을 지우지 않은 채 자버렸다.

カギをかけないまま出かけました。
문을 잠그지 않은 채 외출했습니다.

テレビを消さないまま買い物に行ってしまった。
TV를 끄지 않은 채 쇼핑을 가고 말았다.

단어
化粧を落とす 화장을 지우다
カギをかける 문을 잠그다
出かける 외출하다
消す 끄다

STEP 2 · 진짜자 일본어 연습하기

쓰기 / 읽기 / 말하기

 다음 어휘를 사용해서 변하지 않고 상태가 계속되고 있는 문장을 완성해 봅시다.

쇼핑/가다/아직/돌아오다
買い物/行く/まだ/帰る
 쇼핑을 간 채 아직 돌아오지 않는다.
買い物に行ったままだ帰らない。

신발/신다/들어가다
くつ/はく/入る
➡ 신발을 신은 채로 들어가다.
くつをはいたまま入る。

난로/끄다/외출하다
ストーブ/消す/出かける
➡ 난로를 끄지 않은 채 외출하고 말았다.
ストーブを消さないまま出かけてしまった。

파자마/입다/편의점/가다
パジャマ/着る/コンビニ/行く
➡ 파자마를 입은 채로 편의점에 갔다.
パジャマを着たままコンビニに行った。

STEP 3  일본어 여행하기

정답 개수 ☐ / 15

1 다음 동사를 활용하여 알맞은 히라가나를 넣어 보세요.

① かける ➡ めがねをかけ ☐☐☐ 寝ている。
   (안경을) 쓰다   안경을 쓴 채로 자고 있다.

② 洗う ➡ リンゴを洗 ☐☐☐☐☐ 食べる。
   씻다   사과를 씻지 않은 채로 먹다.

2 다음 어휘를 알맞은 뜻에 연결해 보세요.

① 借りる •   • A 외출하다
② 消す •   • B 끄다
③ 返す •   • C 돌려주다
④ 出かける •   • D 빌리다

3 다음 우리말에 맞게 알맞은 표현을 고르세요.

① シートベルトを A したまま   B しないまま   運転しないでください。
   안전벨트를 하지 않은 채 운전하지 마세요.

② 電気を A つけたまま   B つけないまま   会社に行ってしまった。
   불을 켠 채 회사에 가고 말았다.

③ 犬が家を A 出たまま   B 出ないまま   帰ってこない。
   개가 집을 나간 채 돌아오지 않는다.

4 다음 동사를 보고 우리말 의미에 맞게 바꿔 보세요.

① 開ける　—　　　　　　　—
　 열다　　　　　　연 채로　　　　　　열지 않은 채로

② 置く　—　　　　　　　—
　 두다　　　　　　둔 채로　　　　　　두지 않은 채로

③ 言う　—　　　　　　　—
　 말하다　　　　　말한 채로　　　　　말하지 않은 채로

④ 聞く　—　　　　　　　—
　 듣다　　　　　　들은 채로　　　　　듣지 않은 채로

JLPT N4 기출 유형 맛보기

5 다음 문장의 ★ 에 들어갈 것으로 가장 적당한 것을 1·2·3·4 에서 하나 고르세요.

① お客さんが ＿＿ ★ ＿＿ ＿＿ 出た。 손님이 돈을 지불하지 않고 가게를 나갔다.

　1 店を　　2 お金を　　3 まま　　4 払わない

② 弟は ＿＿ ＿＿ ★ ＿＿ 寝ます。 남동생은 항상 입을 연 채로 잡니다.

　1 まま　　2 口を　　3 いつも　　4 開けた

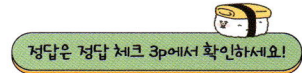
정답은 정답 체크 3p에서 확인하세요!

한 줄 여행 일본어

출출해서 편의점에 들어갔을 때 보이는 다양한 삼각김밥들! 종류가 너무 많아서 감으로 고를 때가 있었을 텐데요.
실패 없는 Top5 메뉴를 체크해서 이제는 원하는 맛으로 즐겨 봅시다!

梅干し 매실장아찌 | 昆布 다시마 | ツナマヨネーズ 참치마요 | 明太子 명란젓 | 鮭 연어

Day 07

お茶を飲んだほうがいい。
차를 마시는 편이 좋다.

학습 체크인 | DATE

조언과 충고를 나타내는 표현을 마스터한다.

 동사의 た형을 활용하여 조언, 충고, 권유하기

 동사의 ない형을 활용하여 조언, 충고, 권유하기

STEP 1 — 짐싸자 일본어 준비물 체크하기

✈ 동사의 과거형과 부정형을 활용한 조언, 충고 표현을 익혀 상대방에게 조언해 봅시다.

 **〜たほうがいい 〜하는 편이 좋다**
동사의 た형 + ほうがいい

「〜たほうがいい(〜하는 편이 좋다)」는 상대방에게 좋다고 생각되는 것을 조언, 충고, 권유할 때 사용하는 표현입니다. 손윗사람에게는 사용하지 않으니 주의해 주세요.

風邪をひいた時、お茶を飲んだほうがいいよ。
감기에 걸렸을 때 차를 마시는 편이 좋아.

疲れている時、お風呂に入ったほうがいいです。
피곤할 때 목욕하는 편이 좋습니다.

ダイエットする時はお酒をやめたほうがいい。
다이어트할 때는 술을 끊는 편이 좋다.

단어
- 風邪をひく 감기에 걸리다
- お茶 차
- 疲れる 피곤하다
- お風呂に入る 목욕하다
- ダイエット 다이어트
- お酒 술
- やめる 끊다, 그만두다

체크리스트 〜ないほうがいい ~하지 않는 편이 좋다
동사의 ない형 + ほうがいい

「〜ないほうがいい(~하지 않는 편이 좋다)」는 동사의 부정형을 활용하여 상대방에게 하지 않는 것이 좋다고 생각되는 것을 조언, 충고, 권유할 때 사용하는 표현입니다. 과거형을 만들 때는 「いい」를 「よかった」로 바꾸어 활용하면 됩니다.

寝る前にスマホを使わないほうがいい。
자기 전에 스마트폰을 사용하지 않는 편이 좋다.

風が強い日は出かけないほうがいいです。
바람이 강한 날은 외출하지 않는 편이 좋습니다.

そこは危ないから入らないほうがいいです。
거기는 위험하니까 들어가지 않는 편이 좋습니다.

단어
スマホ 스마트폰
強い 강하다
出かける 외출하다
危ない 위험하다
入る 들어가다

STEP 2 일본어 연습하기

쓰기 읽기 말하기

다음 어휘를 사용해서 조언하는 표현으로 문장을 완성해 봅시다.

우산/들다/가다 — かさ/持つ/行く
➡ 우산을 들고 가는 편이 좋습니다.
✏️ かさを持って行ったほうがいいです。

커피/마시다 — コーヒー/飲む
➡ 커피를 지나치게 마시지 않는 편이 좋다.
コーヒーを飲みすぎないほうがいい。

선생님/묻다 — 先生/聞く
➡ 선생님한테 묻는 편이 좋다.
先生に聞いたほうがいい。

잔디/들어가다 — 芝生/入る
➡ 잔디에 들어가지 않는 편이 좋습니다.
芝生に入らないほうがいいです。

STEP 3  일본어 여행하기   정답 개수 ☐ / 15

1 다음 동사를 활용하여 알맞은 히라가나를 넣어 보세요.

① 食べる ➡ 野菜も食☐☐☐☐がいい。
   먹다   야채도 먹는 편이 좋다.

② 急ぐ ➡ 急☐☐☐☐☐がいい。
   서두르다   서두르지 않는 편이 좋다.

2 다음 그림에 맞춰 「～ないほうがいい」를 활용하여 문장을 만들어 보세요.

① うそをつく 거짓말을 하다
   ➡ _____。
   거짓말을 하지 않는 편이 좋다.

② お酒を飲みすぎる 술을 많이 마시다
   ➡ _____。
   술을 많이 마시지 않는 편이 좋다.

③ 夜遅くまでゲームをする 밤늦게까지 게임을 하다
   ➡ _____。
   밤늦게까지 게임을 하지 않는 편이 좋다.

④ タバコを吸う 담배를 피우다
   ➡ _____。
   담배를 피우지 않는 편이 좋다.

3. 다음 우리말에 맞게 알맞은 표현을 고르세요.

① ゆっくり A 休んだ B 休まない ほうがいい。
푹 쉬는 편이 좋다.

② 温かいお茶を A 飲んだ B 飲まない ほうがいい。
따뜻한 차를 마시는 편이 좋다.

③ テレビを近くで A 見た B 見ない ほうがいい。
TV를 가까이서 보지 않는 편이 좋다.

4. 다음 어휘를 알맞은 뜻에 연결해 보세요.

① 疲れる ・   ・ A 들어가다
② 危ない ・   ・ B 피곤하다
③ 強い ・   ・ C 강하다
④ 入る ・   ・ D 위험하다

JLPT N4 기출 유형 맛보기

5. 다음 문장의 (   )에 들어갈 것으로 가장 적당한 것을 1・2・3・4에서 하나 고르세요.

① A: 雨がたくさん降ってきました。 비가 많이 내리기 시작했어요.
   B: 今日は早く(   )ほうがいいですよ。 오늘은 일찍 돌아가는 편이 좋아요.

   1 帰った   2 帰らない   3 帰って   4 帰り

② 寝る前にコーヒーを(   )ほうがいい。 자기 전에 커피를 마시지 않는 편이 좋다.

   1 飲む   2 飲まない   3 飲み   4 飲んだ

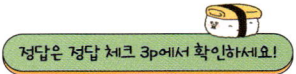
정답은 정답 체크 3p에서 확인하세요!

Day 08

학습 체크인 | DATE

洗濯をしたあとテレビを見ます。
세탁을 한 후 TV를 봅니다.

동작의 전후를 나타내는 표현을 마스터한다.

- 「たあとで」 표현으로 동작의 전후 관계 나타내기
- 「てから」 표현으로 동작의 전후 관계 나타내기

STEP 1 · 짐싸자 일본어 준비물 체크하기

✈ 동작의 전후 관계를 나타내는 표현을 익혀, 자유롭게 일이 일어난 순서대로 말해 봅시다.

☑ 체크리스트 ~あと(で) ~한 후(에)
동사의 た형 / 명사 の + あと(で)

「~あと(~한 후)」는 앞의 동작을 한 후에 뒤의 동작을 한다는 뜻입니다. 단순히 시간의 순서를 나타냅니다.

단어
- 毎朝(まいあさ) 매일 아침
- ジョギング 조깅
- 出勤(しゅっきん) 출근
- 洗濯(せんたく) 세탁, 빨래
- 仕事(しごと) 일

毎朝ジョギングをしたあと(で)出勤します。 　매일 아침 조깅을 한 후 출근합니다.
洗濯をしたあと(で)テレビを見ます。 　세탁을 한 후 TV를 봅니다.
仕事のあと(で)飲みに行きませんか。 　일 끝난 후에 마시러 가지 않겠습니까?

> 🍯 꿀팁! 어떠한 일이나 동작이 일어난 후 그 상태가 계속되고 있다는 것을 나타낼 때는 「あとで」가 아닌 「あと」만 사용할 수 있다는 점에 주의해 주세요.
>
> 예) 花火のあと、ゴミがいっぱいだった。
> 　　불꽃놀이가 끝난 후 쓰레기가 가득했다.

1

 **체크리스트**

～てから　~하고 나서
동사의 て형 + から

「～てから(~하고 나서)」는 앞의 동작을 한 후에 뒤의 동작을 한다는 뜻입니다. 뒤의 동작을 하기 위해서는 먼저 앞의 동작을 해야 한다는 뉘앙스가 있습니다.

シャワーをあび**てから**寝ます。	샤워를 하고 나서 잡니다.
ご飯を食べ**てから**薬を飲みます。	밥을 먹고 나서 약을 먹습니다.
くつを脱い**でから**入ってください。	신발을 벗고 나서 들어가 주세요.

단어
- シャワーをあびる 샤워를 하다
- ご飯 밥
- 薬を飲む 약을 먹다
- くつ 신발, 구두
- 脱ぐ 벗다
- 入る 들어가다

꿀팁! 변화의 기점을 나타낼 때 사용할 수 있다는 것도 함께 알아둡시다.
예) ジムに通っ**てから**5キロもやせました。
헬스장에 다니고 나서 5킬로그램이나 빠졌습니다.

STEP 2 진짜 일본어 연습하기

쓰기 　 읽기 　 말하기

 다음 어휘를 사용해서 일이 일어난 순서를 문장으로 완성해 봅시다.

아르바이트/친구/만나다　　バイト/友だち/会う
➡ 아르바이트 후에 친구를 만났다.　　バイトのあと友だちに会った。

손/씻다/먹다　　手/洗う/食べる
➡ 손을 씻고 나서 먹다.　　手を洗ってから食べる。

수업/놀다/가다　　授業/遊ぶ/行く
➡ 수업 후에 놀러 가다.　　授業のあと遊びに行く。

장 보다/집/돌아가다　　買い物する/家/帰る
➡ 장 보고 나서 집에 돌아갑시다.　　買い物してから家に帰りましょう。

STEP 3  일본어 여행하기

정답 개수 ☐ / 15

1 다음 어휘를 알맞은 뜻에 연결해 보세요.

① くつ・　　　　　　　・ A　세탁

② 毎朝(まいあさ)・　　　・ B　신발

③ 出勤(しゅっきん)・　　・ C　출근

④ 洗濯(せんたく)・　　　・ D　매일 아침

2 다음을 읽고 틀린 곳을 고치세요.

① ショッピングするあとカフェに行(い)く。　　쇼핑한 후 카페에 가다.

② 授業(じゅぎょう)あとわからないことを聞(き)く。　　수업 후에 모르는 것을 묻다.

③ 窓(まど)を開(あ)けたからそうじをする。　　창문을 열고 나서 청소를 하다.

3 다음을 읽고 보기를 활용하여 빈칸을 채워 보세요.

 　　見(み)る 보다 ┃ 帰(かえ)る 돌아가다 ┃ 止(と)まる 멈추다 ┃ 休(やす)む 쉬다

① ドラマを ＿＿＿＿＿ 宿題(しゅくだい)をした。 드라마를 보고 나서 숙제를 했다.

② 家(いえ)に ＿＿＿＿＿ 夕(ゆう)ご飯(はん)を食(た)べます。 집에 돌아간 후에 저녁을 먹습니다.

③ バスが ＿＿＿＿＿ 立(た)ってください。 버스가 멈추고 나서 일어나 주세요.

④ 少(すこ)し ＿＿＿＿＿ 会社(かいしゃ)にもどります。 조금 쉬고 난 후에 회사로 돌아갑니다.

4 다음을 읽고 보기를 활용하여 대화를 완성해 보세요.

テスト 시험 | 勉強する 공부하다

この本、ベストセラーだよね？読んでみたい！
이 책 베스트셀러지? 읽어 보고 싶어!

面白いですよ！❶ _____ 貸しますね。
재미있어요! 시험 후에 빌려 줄게요.

ありがとう！夕ご飯はいつ食べる？
고마워! 저녁은 언제 먹지?

2時間 ❷ _____ 食べに行きましょう。
2시간 공부하고 나서 먹으러 가요.

JLPT N4 기출 유형 맛보기

5 다음 문장의 ★ 에 들어갈 것으로 가장 적당한 것을 1·2·3·4 에서 하나 고르세요.

❶ 彼女は ____ ★ ____ ____ やめた。
그녀는 고등학교에 들어가고 나서 피아노를 그만뒀다.

1 ピアノ　　　2 高校に　　　3 を　　　4 入ってから

❷ あつい ____ ____ ★ ____ 怖くなりました。
뜨거운 물에 다치고 나서 요리하기가 무서워졌습니다.

1 してから　　2 料理するのが　　3 けがを　　4 お湯で

Day 09

名前を呼べば出てください。
이름을 부르면 나와 주세요.

1그룹 동사와 2그룹 동사의 가정 표현 ば형을 마스터한다.

- 1그룹 동사의 ば형 익히기
- 2그룹 동사의 ば형 익히기

STEP 1 - 일본어 준비물 체크하기

1그룹과 2그룹 동사의 가정 표현 ば형을 익히고, '~하면'이라고 상황을 가정하며 말해 봅시다.

체크리스트 | 1그룹 동사의 ば형
う단 ➡ え단 + ば

1그룹 동사의 ば형은 동사의 끝 う단을 え단으로 바꾼 후 「ば」를 붙입니다.

사전형	가정형(ば)	따라 써 보기
会う 만나다	会えば 만나면	会えば
待つ 기다리다	待てば 기다리면	待てば
乗る 타다	乗れば 타면	乗れば
死ぬ 죽다	死ねば 죽으면	死ねば
呼ぶ 부르다	呼べば 부르면	呼べば
読む 읽다	読めば 읽으면	読めば
書く 쓰다	書けば 쓰면	書けば
泳ぐ 헤엄치다	泳げば 헤엄치면	泳げば

사전형	가정형(ば)	따라 써 보기
話す 이야기하다	話せば 이야기하면	話せば
走る 달리다 [예외 1그룹!]	走れば 달리면	走れば
帰る 돌아가(오)다 [예외 1그룹!]	帰れば 돌아가(오)면	帰れば

체크리스트  2그룹 동사의 ば형

る ➡ れば

2그룹 동사의 ば형은 끝 「る」를 떼고 「れば」를 붙입니다.

사전형	가정형(ば)	따라 써 보기
見る 보다	見れば 보면	見れば
いる 있다	いれば 있으면	いれば
起きる 일어나다	起きれば 일어나면	起きれば
着る 입다	着れば 입으면	着れば
食べる 먹다	食べれば 먹으면	食べれば
寝る 자다	寝れば 자면	寝れば
入れる 넣다	入れれば 넣으면	入れれば
伝える 전하다	伝えれば 전하면	伝えれば

 **STEP 2** 진짜자 **일본어 연습하기**

쓰기 읽기 말하기

다음 어휘를 가정 표현 ば형을 활용하여 문장을 완성해 봅시다.

코트/입다/따뜻하다   コート/着る/あたたかい

➡ 코트를 입으면 따뜻합니다.   コートを着ればあたたかいです。

이름/부르다/나오다   名前/呼ぶ/出る

➡ 이름을 부르면 나와 주세요.   名前を呼べば出てください。

STEP 3  일본어 여행하기　　　정답 개수 ☐ / 15

1 다음 동사를 활용하여 알맞은 히라가나를 넣어 보세요.

① 会う　—　会☐☐
　　만나다　　　만나면

② 読む　—　読☐☐
　　읽다　　　읽으면

③ 書く　—　書☐☐
　　쓰다　　　쓰면

④ 寝る　—　寝☐☐
　　자다　　　자면

2 다음 동사를 ば형으로 알맞게 활용한 것을 연결해 보세요.

① 乗る ・　　　　・ A　よべば

② 呼ぶ ・　　　　・ B　はなせば

③ 話す ・　　　　・ C　はしれば

④ 走る ・　　　　・ D　のれば

3 다음 동사의 ば형을 고르고, 밑줄에 뜻을 써 보세요.

① 入れる　A いれば　B いれれば　＿＿＿＿＿＿

② 伝える　A つたえば　B つたえれば　＿＿＿＿＿＿

③ 帰る　　A かえれば　B かえれれば　＿＿＿＿＿＿

4 다음을 읽고 보기를 활용하여 대화를 완성해 보세요.

> 보기: 見る 보다 | 起きる 일어나다

1. 近いコンビニはどこにありますか。
   가까운 편의점은 어디에 있어요?

   地図を ① _____ わかります。
   지도를 보면 알 수 있어요.

2. 明日、早く ② _____ 一緒に運動しましょう。
   내일 일찍 일어나면 같이 운동합시다.

   はい、いいですよ。
   네, 좋아요.

JLPT N4 기출 유형 맛보기

5 _____의 단어는 히라가나로 어떻게 씁니까? 1·2·3·4 중 가장 올바른 것을 하나 고르세요.

① この薬を<u>飲めば</u>すぐなおります。 이 약을 먹으면 금방 낫습니다.

　1 やめば　　2 よめば　　3 のめば　　4 すめば

② うちの犬は私を<u>見れば</u>走ってくる。 우리집 개는 나를 보면 달려온다.

　1 みれば　　2 ねれば　　3 きれば　　4 いれば

정답은 정답 체크 3p에서 확인하세요!

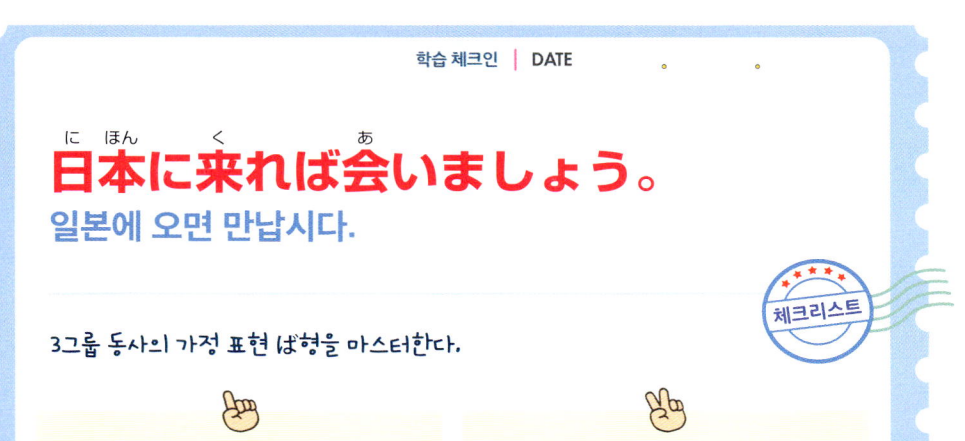

Day 10

日本に来れば会いましょう。
일본에 오면 만납시다.

3그룹 동사의 가정 표현 ば형을 마스터한다.

- 3그룹 동사 来る・する의 ば형 익히기
- 가정 표현 ば형 총정리

STEP 1 - 진짜 일본어 준비물 체크하기

3그룹 동사의 가정 표현 ば형을 익히고, 그룹별로 총정리를 해 봅시다.

체크리스트 — 3그룹 동사의 ば형
불규칙 활용

3그룹 동사의 ば형은 불규칙으로 활용되므로 주의해야 합니다.

사전형	가정형(ば)	따라 써 보기
来る 오다	来れば 오면	来れば
する 하다	すれば 하면	すれば

꿀팁!! 가정 표현 ば형은 앞의 일이 성립해야 뒤의 일이 일어난다는 것을 나타낼 때 사용하며, 딱딱한 뉘앙스를 가지고 있습니다.

☐  **동사의 ば형 총정리**

동사의 ば형 접속 방법을 그룹별로 구분하여 정리해 봅시다.

그룹	ば형 접속 방법	예
1그룹	う단을 え단으로 바꾸고 ば 연결	会う ➡ 会えば 만나면 待つ ➡ 待てば 기다리면 乗る ➡ 乗れば 타면 死ぬ ➡ 死ねば 죽으면 呼ぶ ➡ 呼べば 부르면 読む ➡ 読めば 읽으면 書く ➡ 書けば 쓰면 泳ぐ ➡ 泳げば 헤엄치면 話す ➡ 話せば 이야기하면
2그룹	る 떼고 れば 연결	見る ➡ 見れば 보면 食べる ➡ 食べれば 먹으면
3그룹	불규칙 활용	来る ➡ 来れば 오면 する ➡ すれば 하면

 체크리스트 확인 완료!

STEP 2  일본어 연습하기

쓰기 ☐ 읽기 ☐ 말하기 ☐

 다음 어휘를 가정 표현 ば형을 활용하여 문장을 완성해 봅시다.

일본/오다/만나다　　　　　　　　　日本/来る/会う
➡ 일본에 오면 만납시다.　　　　　✏ 日本に来れば会いましょう。

도서관/가다/읽다　　　　　　　　　図書館/行く/読む
➡ 도서관에 가면 읽어 보고 싶다.　　図書館に行けば読んでみたい。

시간/있다/노래방/가다　　　　　　　時間/ある/カラオケ/行く
➡ 시간이 있으면 노래방에 가고 싶다.　時間があればカラオケに行きたい。

STEP 3  일본어 여행하기   정답 개수 ☐ / 15

1 다음 뜻에 알맞은 동사의 ば형을 연결해 보세요.

① 하면 •　　　　　　　　　• A　すれば

② 기다리면 •　　　　　　　• B　来(く)れば

③ 오면 •　　　　　　　　　• C　使(つか)えば

④ 사용하면 •　　　　　　　• D　待(ま)てば

2 다음을 읽고 틀린 곳을 고치세요.

① 雨(あめ)が降(ふ)らば買(か)い物(もの)に行(い)かない。　　　비가 오면 장 보러 가지 않는다.

② お酒(さけ)を飲(の)むば顔(かお)が赤(あか)くなる。　　　술을 마시면 얼굴이 빨개진다.

③ 勉強(べんきょう)されば答(こた)えがわかる。　　　공부하면 답을 알 수 있다.

3 다음을 읽고 보기를 활영하여 문장을 완성해 보세요.

 　　買(か)う 사다 ┃ 乗(の)る 타다 ┃ 終(お)わる 끝나다

① お菓子(かし)を4つ以上(いじょう) ＿＿＿＿＿＿＿＿ 安(やす)くなる。

과자를 4개 이상 사면 저렴해진다.

② この電車(でんしゃ)に ＿＿＿＿＿＿＿＿ 間(ま)に合(あ)う。

이 전철을 타면 제시간에 맞출 수 있다.

③ 仕事(しごと)が早(はや)く ＿＿＿＿＿＿＿＿ 飲(の)み会(かい)に行(い)く。

일이 일찍 끝나면 회식에 간다.

4 다음 보기의 ば형을 1그룹, 2그룹, 3그룹으로 나눠 보세요.

보기
見れば 보면 | 乗れば 타면 | 待てば 기다리면 | 死ねば 죽으면 |
起きれば 일어나면 | 来れば 오면 | 着れば 입으면 | 泳げば 헤엄치면 |
走れば 달리면 | 食べれば 먹으면 | すれば 하면

① 1그룹	② 2그룹	③ 3그룹

JLPT N4 기출 유형 맛보기

5 다음 문장의 (　　) 에 들어갈 것으로 가장 적당한 것을 1·2·3·4 에서 하나 고르세요.

① 毎日れんしゅうを(　　)上手になります。 매일 연습을 하면 잘하게 됩니다.

1 いれば　　2 すれば　　3 出れば　　4 来れば

② わからないことが(　　)話してください。 모르는 것이 있으면 이야기해 주세요.

1 見れば　　2 読めば　　3 書けば　　4 あれば

한 줄 여행 일본어

일본에서 인스턴트 스티커 사진 プリクラ(프리쿠라)로 추억 남기기!
보정 필수 어휘 지금 바로 체크해 볼까요?

ナチュラル 내추럴 | 小顔 작은 얼굴 | カラコン 컬러 렌즈 | デカ目 큰 눈, 왕눈 | 落書き 낙서, 글씨

Day 11

학습 체크인 | DATE

見れば見るほどすばらしい。
보면 볼수록 훌륭하다.

가정 표현 ば형을 활용한 다양한 표현을 마스터한다.

 정도의 변화 표현하기   권유와 조언 표현하기   유감과 후회 표현하기

STEP 1 · 일본어 준비물 체크하기

가정 표현 ば형을 활용한 표현들을 익히고, 조언하거나 후회한 일을 자유롭게 말해 봅시다.

~ば~ほど ~하면 ~할수록
동사의 ば형 + 동사의 사전형 + ほど

「~ば~ほど(~하면 ~할수록)」는 같은 단어를 반복 사용하여 앞 내용의 정도가 강해지면 그에 따라 뒤 내용의 정도도 강해진다는 표현입니다.

日本語は勉強すればするほど難しい。   일본어는 공부하면 할수록 어렵다.

この絵は見れば見るほどすばらしい。   이 그림은 보면 볼수록 훌륭하다.

この本は読めば読むほど面白いです。   이 책은 읽으면 읽을수록 재미있습니다.

단어
勉強する 공부하다
難しい 어렵다
絵 그림
すばらしい 훌륭하다
面白い 재미있다

い형용사의 경우 「~ければ ~いほど」라고 활용하며, な형용사는 「~だならば ~だなほど」와 같이 활용할 수 있으니 함께 알아둡시다.

예 パーティーに人が多ければ多いほど楽しい。 파티에 사람이 많으면 많을수록 즐겁다.
交通は便利ならば便利なほどいい。 교통은 편리하면 편리할수록 좋다.

 **~ばいい   ~하면 좋다/된다**
동사의 ば형 **+** いい

「~ばいい」(~하면 좋다/된다)」는 상대방에게 어떤 행동을 하도록 권하거나 제안하는 경우에 사용하는 표현입니다. 권유나 조언의 뉘앙스로 사용할 때는 손윗사람에게 사용하지 않도록 주의해 주세요.

단어
- 荷物(にもつ) 짐
- いす 의자
- おく 두다, 놓다
- 地図(ちず) 지도
- アプリ 앱 (애플리케이션의 줄임말)
- 拾う(ひろう) 줍다
- 交番(こうばん) 파출소
- 持って行く(もっていく) 들고 가다

荷物(にもつ)はいすの下(した)におけ**ばいい**です。
짐은 의자 아래에 두면 됩니다.

道(みち)がわからない時(とき)は、地図(ちず)アプリを使(つか)え**ばいい**。
길을 모를 때는 지도앱을 사용하면 된다.

お金(かね)を拾(ひろ)った時(とき)は、交番(こうばん)に持(も)って行(い)け**ばいい**。
돈을 주웠을 때는 파출소에 들고 가면 된다.

> **꿀팁!!** 「~ばいい」는 '~하면 좋겠다'라고 희망을 나타낼 때 사용하기도 합니다.
> 예) 早(はや)く仕事(しごと)が終(お)われ**ばいい**な。
> 빨리 일이 끝났으면 좋겠다.

 **~ばよかった   ~할 걸 그랬다, ~했으면 좋았을 텐데**
동사의 ば형 **+** よかった

「~ばよかった(~할 걸 그랬다, ~했으면 좋았을 텐데)」는 실제로는 그렇지 않은 일을 유감스럽게 생각하거나 지나간 일에 대해 후회할 때 사용하는 표현입니다.

단어
- パーティー 파티
- 一緒に(いっしょに) 같이
- 早く(はやく) 일찍

パーティーに一緒(いっしょ)に行(い)け**ばよかった**。   파티에 같이 갈 걸 그랬다.

10分(ぷん)早(はや)く出(で)れ**ばよかった**。   10분 일찍 나올 걸 그랬다.

母(はは)のように先生(せんせい)になれ**ばよかった**。   엄마처럼 선생님이 됐으면 좋았을 텐데.

STEP 2  일본어 연습하기

쓰기 · 읽기 · 말하기

다음을 어휘를 가정 표현 ば형을 활용하여 문장을 완성해 봅시다.

공부하다/잘하다   勉強する/上手だ

➡ 공부하면 할수록 잘하게 된다.   勉強すればするほど上手になる。

먹다/운동하다   食べる/運動する

➡ 먹고 운동하면 된다.   食べて運動すればいい。

빨리/자다   早く/寝る

➡ 빨리 잘 걸 그랬다.   早く寝ればよかった。

STEP 3  일본어 여행하기

정답 개수 ☐ / 15

1. 다음 동사를 활용하여 알맞은 히라가나를 넣어 보세요.

① 食べる ➡ 食□□□□ 食□□□□□ 辛い。
   먹다   먹으면 먹을수록 맵다.

② 書く ➡ ここに名前を書□□□□□。
   쓰다   여기에 이름을 쓰면 된다.

③ 急ぐ ➡ 少し急□□□□□□。
   서두르다   조금 서두를 걸 그랬다.

2. 다음을 읽고 틀린 곳을 고치세요.

① かばんは机の下におければいい。   가방은 책상 아래에 두면 된다.

② そうじするばすれほどきれいになる。   청소하면 할수록 깨끗해진다.

③ 今朝早く起きらばよかった。   오늘 아침 일찍 일어날 걸 그랬다.

3 다음 어휘를 알맞은 뜻에 연결해 보세요.

① おく • • A 훌륭하다

② 難(むずか)しい • • B 두다

③ 拾(ひろ)う • • C 줍다

④ すばらしい • • D 어렵다

4 다음 우리말에 맞게 알맞은 표현을 고르세요.

① 先生(せんせい)にわからないことを A 聞(き)けばいい　B 聞(き)けばよかった 。
선생님한테 모르는 것을 물으면 된다.

② 兄(あに)のように医者(いしゃ)に A なればいい　B なればよかった 。
형처럼 의사가 되면 좋았을 텐데.

③ パスポートをなくした時(とき)、交番(こうばん)に A 行(い)けばいい　B 行(い)けばよかった 。
여권을 잃어버렸을 때 파출소에 가면 된다.

JLPT N4 기출 유형 맛보기

5 다음 문장의 ★ 에 들어갈 것으로 가장 적당한 것을 1·2·3·4 에서 하나 고르세요.

① この問題(もんだい)は ____ ★ ____ ____ わからない。
이 문제는 생각하면 생각할수록 잘 모르겠다.

1 よく　　2 考(かんが)えれば　　3 ほど　　4 考(かんが)える

② A : わあ、海(うみ)がとてもきれいだね。 와, 바다가 정말 예쁘네.
　 B : カメラ ____ ____ ★ ____ 。 카메라 갖고 올 걸 그랬다.

1 持(も)って　　2 を　　3 よかった　　4 来(く)れば

정답은 정답 체크 4p에서 확인하세요!

Day 12

お酒を飲んだら、顔が赤くなる。
술을 마시면 얼굴이 빨개진다.

가정 표현 たら를 마스터한다.

 가정 표현 「たら」 익히기   상대방에게 제안하는 표현 익히기

STEP 1 일본어 준비물 체크하기

가정 표현 たら를 익혀, '(만약) ~하면'이라고 상황을 가정하며 상대방에게 제안해 봅시다.

~たら (만약) ~하면
동사의 た형 + ら

동사의 た형에 「ら」를 붙입니다. 가정 표현 ば형과 동일하게 앞의 일이 성립해야 뒤의 일이 일어난다는 것을 나타낼 때 사용하며, 주로 회화적인 뉘앙스가 강합니다.

그룹	사전형	가정형(たら)	따라 써 보기
1그룹	歌う 노래하다	歌ったら 노래하면	歌ったら
	読む 읽다	読んだら 읽으면	読んだら
	帰る 돌아가(오)다 (예외 1그룹!)	帰ったら 돌아가(오)면	帰ったら
2그룹	見る 보다	見たら 보면	見たら
	食べる 먹다	食べたら 먹으면	食べたら
3그룹	来る 오다	来たら 오면	来たら
	する 하다	したら 하면	したら

📖 가정 표현 たら의 예문을 살펴봅시다.

단어
宝くじが当たる 복권이 당첨되다
顔 얼굴
真っ赤 새빨강
食事 식사
終わる 끝나다
デザート 디저트

宝くじが当たったら、車を買いたい。   복권이 당첨된다면 차를 사고 싶다.
お酒を飲んだら、顔が真っ赤になります。 술을 마시면 얼굴이 새빨개집니다.
食事が終わったら、デザートが出ます。 식사가 끝나면 디저트가 나옵니다.

가정 표현 たら는 '~했더니', '~하자'라는 뜻으로 어떤 새로운 발견을 했을 때 사용하기도 합니다.
예) デパートに行ったら休みだった。 백화점에 갔더니 쉬는 날이었다.

 체크리스트

~たらどうですか　~면 어떻습니까?
동사의 た형 + ら + どうですか

「~たらどうですか(~면 어떻습니까?)」는 상대방에게 어떤 행동을 하도록 가볍게 제안하거나 조언하는 표현입니다. 친근한 사이에서는 「~たらどう?」라고 반말체로 사용하기도 합니다.

단어
彼女 여자친구
手紙 손 편지
たまに 가끔
体 몸
動かす 움직이다
ちょっと 조금
顔色 안색
悪い 나쁘다, 안 좋다

彼女に手紙を書いたらどうですか。   여자친구에게 손 편지를 쓰면 어때요?
たまには体を動かしたらどうですか。 가끔은 몸을 움직이면 어떻습니까?
ちょっと休んだらどう？顔色悪いよ。 조금 쉬면 어때? 안색이 안 좋아.

 체크리스트 확인 완료!

 STEP 2 진짜자 **일본어 연습하기**

쓰기　읽기　말하기

✈ 다음 어휘를 가정 표현 たら를 활용하여 문장을 완성해 봅시다.

역/도착하다/연락하다　　　　　駅/着く/連絡する

➡ 역에 도착하면 연락해.　　　　✏ 駅に着いたら連絡して。

병원/가다　　　　　　　　　　病院/行く

➡ 병원에 가면 어때?　　　　　　病院に行ったらどう？

STEP 3  일본어 여행하기

정답 개수 ☐ / 15

1 다음 동사를 활용하여 가정 표현 たら를 만들어 보세요.

① 歌う — 歌 ☐☐☐
   노래하다   노래하면

② 読む — 読 ☐☐☐
   읽다   읽으면

③ 食べる — 食 ☐☐☐
   먹다   먹으면

2 다음 동사의 올바른 가정 표현 たら를 고르고, 밑줄에 뜻을 써 보세요.

① 来る   A きたら   B くたら   _____

② 遊ぶ   A あそべたら B あそんだら _____

③ 伝える   A つたえたら B つたえったら _____

3 다음 어휘를 알맞은 뜻에 연결해 보세요.

① 宝くじ •   • A 손 편지

② 真っ赤 •   • B 안색

③ 顔色 •   • C 새빨강

④ 手紙 •   • D 복권

4 다음을 순서에 맞게 배열해 보세요.

① なったら　冬休みに　国へ　帰ります　　겨울방학이 되면 고국으로 돌아갑니다.

➡ _____ 。

② 出かけません　台風　が　来たら　　태풍이 오면 외출하지 않습니다.

➡ _____ 。

③ 家を　当たったら　買いたい　宝くじが　　복권에 당첨되면 집을 사고 싶다.

➡ _____ 。

JLPT N4 기출 유형 맛보기

5 다음 문장의 ★ 에 들어갈 것으로 가장 적당한 것을 1·2·3·4 에서 하나 고르세요.

① 週末に ____ ★ ____ ____ 行きませんか。
주말에 시간이 있으면 영화를 보러 가지 않겠습니까?

1 あったら　　2 時間が　　3 映画を　　4 見に

② A：明日、仕事で朝早いんです。 내일 일 때문에 아침이 일러요.
　 B：じゃあ、____ ____ ★ ____ 。 그럼, 오늘은 일찍 자면 어때요?

1 早く　　2 寝たら　　3 どうですか　　4 今日は

정답은 정답 체크 4p에서 확인하세요!

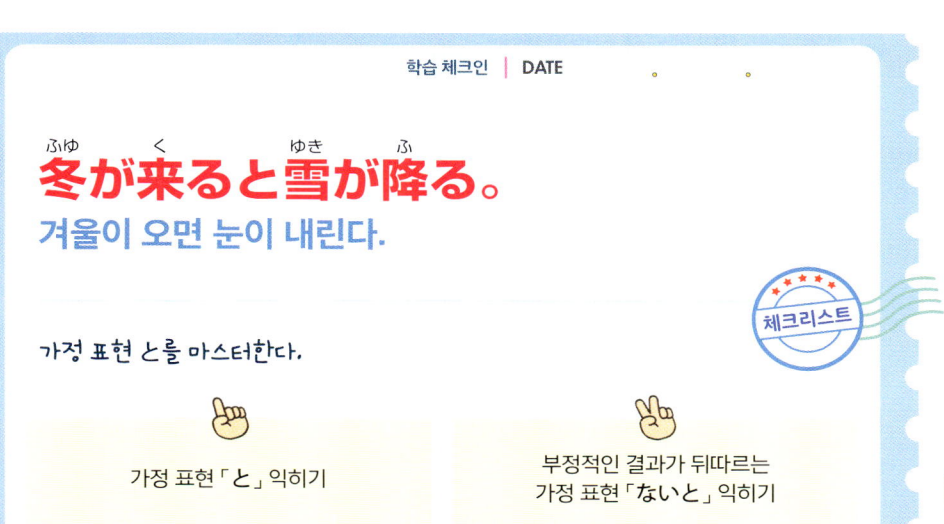

Day 13

학습 체크인 | DATE

冬が来ると雪が降る。
겨울이 오면 눈이 내린다.

가정 표현 と를 마스터한다.

☝ 가정 표현 「と」 익히기

✌ 부정적인 결과가 뒤따르는 가정 표현 「ないと」 익히기

STEP 1 진짜! 일본어 준비물 체크하기

✈ 가정 표현 と를 익히고, 필연적으로 일어나게 되는 일을 자유롭게 말해 봅시다.

 ~と ~하면
동사의 사전형 + と

동사의 사전형에 「と」를 붙입니다. 주로 자연현상, 길 안내 등과 같이 일반적인 사실을 나타낼 때 사용합니다.

그룹	사전형	가정형(と)	따라 써 보기
1그룹	歌(うた)う 노래하다	歌(うた)うと 노래하면	歌うと
	読(よ)む 읽다	読(よ)むと 읽으면	読むと
	帰(かえ)る 돌아가(오)다 〔예외 1그룹!〕	帰(かえ)ると 돌아가(오)면	帰ると
2그룹	見(み)る 보다	見(み)ると 보면	見ると
	食(た)べる 먹다	食(た)べると 먹으면	食べると
3그룹	来(く)る 오다	来(く)ると 오면	来ると
	する 하다	すると 하면	すると

📖 가정 표현 と의 예문을 살펴봅시다.

단어
まがる (길을) 돌다
コンビニ 편의점
ボタン 버튼
押す 누르다
きっぷ 표

冬が来ると雪が降る。 겨울이 오면 눈이 내린다.

左にまがると、コンビニがあります。 왼쪽으로 돌면 편의점이 있습니다.

このボタンを押すと、きっぷが出ます。 이 버튼을 누르면 표가 나옵니다.

꿀팁! 가정 표현 と는 습관처럼 반복되는 행동을 나타낼 때 사용하기도 합니다.
예) 毎朝起きると、水を飲みます。
매일 아침 일어나면 물을 마십니다.

체크리스트 ～ないと ～하지 않으면
동사의 ない형 + と

「～ないと(～하지 않으면)」는 어떠한 일이 성립하지 않으면 부정적인 결과가 뒤따라온다는 것을 나타낼 때 사용하는 표현입니다.

단어
やめる 그만두다, 끊다
病気になる 병이 나다
間に合う 제시간에 맞추다
急ぐ 서두르다
遅刻する 지각하다

お酒をやめないと病気になるよ。 술을 끊지 않으면 병이 날 거야.

早く出ないと間に合わないわよ。 일찍 나가지 않으면 제시간에 못 맞출 거야.

急がないと遅刻しますよ。 서두르지 않으면 지각할 거예요.

STEP 2 진짜! 일본어 연습하기

쓰기 읽기 말하기

다음 어휘를 가정 표현 と를 활용하여 문장을 완성해 봅시다.

봄/되다/벚꽃/피다   春/なる/桜/さく

➡ 봄이 되면 벚꽃이 핀다.   ✏️ 春になると桜がさく。

빨리/먹다/식다   早く/食べる/さめる

➡ 빨리 먹지 않으면 식어요.   早く食べないとさめます。

STEP 3  일본어 여행하기

정답 개수 ☐ / 15

1 다음 동사를 활용하여 가정 표현 と를 만들어 보세요.

① まがる — ☐☐☐☐
   돌다   돌면

② 出る — 出☐☐
   나오다   나오면

③ 来る — 来☐☐
   오다   오면

2 다음 우리말에 맞게 알맞은 표현을 고르세요.

① この道をまっすぐ A 行くと   B 行かないと   公園があります。
   이 길을 쭉 가면 공원이 있습니다.

② 今バスに A 乗ると   B 乗らないと   学校におくれるよ。
   지금 버스를 타지 않으면 학교에 늦을 거야.

③ このスイッチを A 押すと   B 押さないと   電気がつく。
   이 스위치를 누르면 불이 켜진다.

3 다음 동사를 보고 우리말 의미에 맞게 바꿔 보세요.

① 読む — _____ — _____
   읽다   읽으면   읽지 않으면

② 入る — _____ — _____
   들어가다   들어가면   들어가지 않으면

③ 起きる — _____ — _____
   일어나다   일어나면   일어나지 않으면

3

4 다음을 읽고 보기를 활용하여 문장을 완성해 보세요.

보기　　わける 나누다 ｜ やめる 끊다 ｜ 勉強する 공부하다 ｜ なる 되다

① バナナ6本を2人で _____ 3本になる。
바나나 6개를 2명이서 나누면 3개가 된다.

② タバコを _____ 病気になる。
담배를 끊지 않으면 병이 난다.

③ いっしょうけんめい _____ 不合格になる。
열심히 공부하지 않으면 불합격한다.

④ 寒く _____ 風邪をひきやすくなる。
추워지면 감기에 걸리기 쉬워진다.

JLPT N4 기출 유형 맛보기

5 다음 문장의 ★ 에 들어갈 것으로 가장 적당한 것을 1・2・3・4에서 하나 고르세요.

① 一日中 ____ ★ ____ ____ なります。 하루 종일 PC를 사용하면 눈이 아파집니다.

　1 パソコンを　　2 痛く　　3 使うと　　4 目が

② 朝ご飯を ____ ____ ★ ____ 。 아침밥을 먹지 않으면 기운이 나지 않는다.

　1 と　　2 元気が　　3 出ない　　4 食べない

정답은 정답 체크 4p에서 확인하세요!

Day 14

학습 체크인 | DATE

桜を見るなら、上野公園がいい。
벚꽃을 볼 거라면 우에노 공원이 좋다.

가정 표현 なら를 마스터한다.

 가정 표현 「なら」 익히기

 권유와 추천을 나타내는 표현 익히기

STEP 1 신제자 일본어 준비물 체크하기

가정 표현 なら를 익히고, 상대방에게 자유롭게 조언과 권유를 해 봅시다.

~なら ~한다면, ~할 거라면
동사의 보통형 + なら

동사의 보통형에 「なら」를 붙입니다. 상대방이 말한 화제를 근거로 그것에 대해 조언, 충고, 의뢰 등을 말할 때 사용합니다.

그룹	사전형	가정형(なら)	따라 써 보기
1그룹	歌う 노래하다	歌うなら 노래한다면	歌うなら
	読む 읽다	読むなら 읽는다면	読むなら
	帰る 돌아가(오)다 (예외 1그룹!)	帰るなら 돌아간(온)다면	帰るなら
2그룹	見る 보다	見るなら 본다면	見るなら
	食べる 먹다	食べるなら 먹는다면	食べるなら
3그룹	来る 오다	来るなら 온다면	来るなら
	する 하다	するなら 한다면	するなら

📑 가정 표현 なら의 예문을 살펴봅시다.

運転するなら、お酒を飲まないでください。
운전할 거라면 술을 마시지 마세요.

日本料理を食べるなら、やはりてんぷらですね。
일본 요리를 먹는다면 역시 튀김이군요.

コーヒーを飲むなら、一緒に行きましょう。
커피를 마신다면 같이 갑시다.

단어
運転する 운전하다
日本料理 일본 요리
やはり 역시
てんぷら 튀김
コーヒー 커피
一緒に 같이, 함께

✌ 체크리스트 ～なら ～がいい ~한다면/~할 거라면 ~이(가) 좋다
동사의 보통형 + なら + 명사 + がいい

「～なら ～がいい(~한다면 ~이 좋다)」는 상대방에게 어떤 정보를 권유하거나 추천할 때 사용하는 표현입니다.

日本語を学ぶなら、SIWONSCHOOLがいい。
일본어를 배운다면 시원스쿨이 좋다.

桜を見るなら、上野公園がいいですよ。
벚꽃을 볼 거라면 우에노 공원이 좋아요.

京都に行くなら、秋がいい。
교토에 간다면 가을이 좋다.

단어
学ぶ 배우다
桜 벚꽃
上野公園 우에노 공원
京都 교토
秋 가을

 체크리스트 확인 완료!

STEP 2  신저자 일본어 연습하기

쓰기 읽기 말하기

✈ 다음 어휘를 가정 표현 なら를 활용하여 조언과 권유하는 문장으로 완성해 봅시다.

외출하다/불/끄다 　　　　　出かける/電気/消す

➡ 외출한다면 불을 꺼 주세요.　　✏ 出かけるなら電気を消してください。

공부하다/도서관 　　　　　勉強する/図書館

➡ 공부한다면 도서관이 좋다.　　勉強するなら図書館がいい。

STEP 3 일본어 여행하기

정답 개수 ☐ / 15

1 다음 동사를 활용하여 가정 표현 なら를 만들어 보세요.

① 学ぶ　—　学 ☐☐☐
　배우다　　　배운다면

② 見る　—　見 ☐☐☐
　보다　　　　본다면

③ 乗る　—　乗 ☐☐☐
　타다　　　　탄다면

④ する　—　☐☐☐☐
　하다　　　　한다면

2 다음을 읽고 틀린 곳을 고치세요.

① 手伝いなら、皿を洗ってください。　　도울 거라면 설거지를 해 주세요.

② 飲み物を飲んだなら、ジュースがいい。　음료를 마신다면 주스가 좋다.

③ 本を買わなら、あそこの本屋が安い。　책을 산다면 저쪽 책방이 저렴하다.

3 다음 동사를 활용하여 알맞은 히라가나를 넣어 보세요.

① さがす　➡　家をさ ☐☐☐☐ 駅の近く ☐☐☐ 。
　찾다　　　　집을 찾는다면 역 근처가 좋다.

② 行く　➡　おんせんに行 ☐☐☐ 箱根 ☐☐☐ 。
　가다　　　　온천에 간다면 하코네가 좋다.

③ 飼う　➡　ペットを飼 ☐☐☐ 犬 ☐☐☐ 。
　기르다　　　반려동물을 기른다면 개가 좋다.

4 다음을 읽고 보기를 활용하여 대화를 완성해 보세요.

보기 いる 있다 ┃ おくれる 늦다 ┃ 運動する 운동하다

1. まだ図書館に ① _____ 私も行きます。
   아직 도서관에 있다면 저도 갈게요.

   あ、もう家に帰りました。
   아, 이미 집에 돌아왔어요.

2. 電車が ② _____ 連絡してください。
   전철이 늦는다면 연락해 주세요.

   はい、わかりました。
   네, 알겠습니다.

3. 最近、太りました。
   요즘 살 쪘어요.

   ③ _____ 水泳がおすすめです。
   운동할 거라면 수영을 추천해요.

JLPT N4 기출 유형 맛보기

5 다음 문장의 ( )에 들어갈 것으로 가장 적당한 것을 1·2·3·4 에서 하나 고르세요.

① A : 新しいスマホがほしいなあ。 새 스마트폰을 갖고 싶네.
   B : スマホを( )駅前にある店が安いよ。
   스마트폰을 산다면 역 앞에 있는 가게가 저렴해.

   1 買うなら   2 買えば   3 買ったら   4 買うと

② 大阪に ( ) 新幹線がいい。 오사카에 간다면 신칸센이 좋다.

   1 行くと   2 行くなら   3 行ったら   4 行けば

정답은 정답 체크 5p에서 확인하세요!

Day 15

학습 체크인 | DATE

会社をやめるそうです。
회사를 그만둔다고 합니다.

전문을 나타내는 표현 そうだ를 마스터한다.

☝ 전문 표현 「そうだ」로 들은 것을 전달하기

✌ 정보의 출처를 나타내는 「によると」 표현 익히기

STEP 1 진짜 일본어 준비물 체크하기

✈ 전문 표현 そうだ를 익히고, によると를 사용해서 들은 정보의 출처를 말해 봅시다.

체크리스트

〜そうだ　〜라고 한다

동사의 보통형 ┐
い형용사 い │
な형용사 だ │ + そうだ
명사 だ   ┘

「〜そうだ(〜라고 한다)」는 직접 경험한 것이 아닌 어떤 대상으로부터 얻은 정보를 전달할 때 사용하는 표현입니다.

木村さんは会社をやめるそうです。
기무라 씨는 회사를 그만둔다고 합니다.

駅前のそば屋さんはまずいそうだ。
역 앞의 메밀국수 가게는 맛없다고 한다.

山田さんは土日暇だそうだ。
야마다 씨는 토요일과 일요일에 한가하다고 한다.

단어
- やめる 그만두다
- 駅前(えきまえ) 역 앞
- そば屋(や) 메밀국수 가게
- まずい 맛없다
- 土日(どにち) 토요일과 일요일
- 暇(ひま)だ 한가하다

 **체크리스트**

～によると　～에 의하면, ～에 따르면
명사 + によると

「～によると(～에 의하면, ～에 따르면)」는 정보를 얻은 출처를 나타내며, 전문 표현의 「～そうだ」와 함께 자주 사용됩니다.

ニュースによると、今年の夏は暑いそうだ。
뉴스에 의하면 올해 여름은 덥다고 한다.

天気予報によると、一日中雨が降るそうです。
일기예보에 따르면 하루 종일 비가 온다고 합니다.

先生の話によると、テストは難しいそうです。
선생님의 이야기에 따르면 테스트는 어렵다고 합니다.

단어
- ニュース 뉴스
- 今年 올해
- 夏 여름
- 暑い 덥다
- 天気予報 일기예보
- 一日中 하루 종일
- 話 이야기
- 難しい 어렵다

 체크리스트 확인 완료!

STEP 2 진짜자 일본어 연습하기

쓰기　읽기　말하기

 다음 어휘를 전문 표현 そうだ를 활용하여 문장을 완성해 봅시다.

주말/도쿄/돌아가다

週末/東京/帰る

 주말에 도쿄로 돌아간다고 합니다.

週末に東京に帰るそうです。

데이터/인기/있다

データ/人気/ある

データに따르면 인기가 있다고 한다.

データによると人気があるそうだ。

회사/시나가와역/가깝다

会社/品川駅/近い

회사는 시나가와역에서 가깝다고 한다.

会社は品川駅から近いそうだ。

입소문/가게/맛있다

口コミ/店/おいしい

입소문에 따르면 저 가게는 맛있다고 한다.

口コミによるとあの店はおいしいそうだ。

2

STEP 3  일본어 여행하기

정답 개수 ☐ / 15

1 다음 빈칸에 알맞은 히라가나를 넣어 보세요.

① パンフレット ☐☐☐☐ イベントがあるそうだ。
팸플릿에 의하면 이벤트가 있다고 한다.

② 医者によるともう大丈夫 ☐☐☐ です。
의사에 따르면 이제 괜찮다고 합니다.

③ ガイド ☐ よるとあの店がいちばん安い ☐☐☐ 。
가이드에 의하면 저 가게가 가장 저렴하다고 한다.

④ けいさつに ☐☐☐ どろぼうは二人 ☐☐☐ です。
경찰에 따르면 도둑은 두 명이라고 합니다.

2 다음을 읽고 틀린 곳을 고치세요.

① 彼はまじめそうです。   　　그는 성실하다고 합니다.

② 今年の冬は去年より寒くそうだ。   　　올해 겨울은 작년보다 춥다고 한다.

③ 天気予報へよると雪が降るそうだ。   　　일기예보에 의하면 눈이 온다고 한다.

3 다음을 읽고 빈칸을 우리말 의미에 맞게 바꿔 보세요.

① おばあさんは元気だ ➡ 　　　　　　　　　　　　　。
할머니는 건강하다　　　　　　　　　　　할머니는 건강하다고 합니다.

② 台風が来る ➡ 　　　　　　　　　　　　　。
태풍이 오다　　　　　　　　　　　태풍이 온다고 합니다.

③ 会社をやめる ➡ 　　　　　　　　　　　　　。
회사를 그만두다　　　　　　　　　　　회사를 그만둔다고 한다.

④ テストが難しい ➡ 　　　　　　　　　　　　　。
테스트가 어렵다　　　　　　　　　　　테스트가 어렵다고 한다.

4 다음을 읽고 보기를 활용하여 대화를 완성해 보세요.

보기   そうだ ~라고 한다 | によると ~에 의하면

1. 吉田さんが結婚する ❶ _____ よ。
   요시다 씨가 결혼한다고 해요.

   本当ですか？知らなかったです。
   정말요? 몰랐어요.

2. 今日ちょっとおくれたね。
   오늘 좀 늦었네.

   ごめん。電車のアナウンス ❷ _____ 事故があったそうだよ。
   미안해. 전철 안내방송에 의하면 사고가 있었다고 해.

JLPT N4 기출 유형 맛보기

5 다음 문장의 ★ 에 들어갈 것으로 가장 적당한 것을 1·2·3·4 에서 하나 고르세요.

① アンケート ____ ★ ____ ____ そうです。
앙케트에 의하면 저출산이 문제가 되고 있다고 합니다.

1 少子化が　　2 なっている　　3 によると　　4 問題に

② 父の話によると ____ ____ ★ ____ 。
아버지의 이야기에 따르면 근처에서 화재가 있었다고 합니다.

1 あった　　2 そうです　　3 近くで　　4 火事が

Day 16

학습 체크인 | DATE

雨が降りそうです。
비가 내릴 것 같습니다.

추측을 나타내는 표현 そうだ를 마스터한다.

- 추측 표현 「そうだ」로 직감적인 판단 전달하기
- 추측 표현 「なさそうだ」로 직감적인 판단 전달하기

STEP 1 — 진짜자 일본어 준비물 체크하기

추측 표현 そうだ를 익히고, 긍정과 부정형으로 자유롭게 느낀 것을 말해 봅시다.

체크리스트

~そうだ   ~인 것 같다

동사의 ます형
い형용사 ~~い~~   + そうだ
な형용사 ~~だ~~

「~そうだ(~인 것 같다)」는 말하는 사람이 직접 보고 느낀 것을 직감적으로 판단하여 표현할 때 사용합니다. 전문 표현 「~そうだ」와 접속 방법이 다르니 주의해 주세요.

今にも雨が降りそうです。　　　당장이라도 비가 내릴 것 같습니다.

あのケーキ、すごくおいしそうだね。　　저 케이크 정말 맛있을 것 같네.

丈夫そうな電子レンジですね。　　튼튼한 것 같은 전자레인지군요.

단어
- 今にも 당장이라도
- 降る 내리다, 오다
- ケーキ 케이크
- すごく 정말, 매우
- おいしい 맛있다
- 丈夫だ 튼튼하다
- 電子レンジ 전자레인지

꿀팁!! 예외로 「いい(좋다)」와 「ない(없다)」는 활용이 다르기 때문에 꼭 주의해 주세요. いい는 よい로 활용하여 「よさそうだ(좋은 것 같다)」가 되고, ない는 「なさそうだ(없는 것 같다)」로 활용됩니다.

 **~なさそうだ ~하지 않을 것 같다**

い형용사 い + くなさそうだ
な형용사 だ + じゃなさそうだ

「~なさそうだ(~하지 않을 것 같다)」는 추측 표현 「~そうだ」의 부정형으로 い형용사는 「い」를 떼고 「~くなさそうだ」, な형용사는 「だ」를 떼고 「~じゃなさそうだ」를 붙여줍니다.

단어

カレー	카레
あまり	별로, 그다지
辛い	맵다
新しい	새롭다
バイト	아르바이트
大変だ	힘들다
元気	기운, 힘

そのカレーはあまり辛くなさそうだね。
그 카레는 별로 맵지 않을 것 같네.

新しいバイトは大変じゃなさそうだ。
새로운 아르바이트는 힘들지 않을 것 같다.

田中さんは今日元気がなさそうです。
다나카 씨는 오늘 기운이 없는 것 같습니다.

> 꿀팁! 동사의 부정형은 「ます형 + そうにない/そうもない/そうにもない」와 같이 활용되니 함께 알아둡시다.
> 예) 仕事が終わりそうにない。
> 일이 끝날 것 같지 않다.

STEP 2 진짜자 일본어 연습하기

쓰기 / 읽기 / 말하기

다음 어휘를 추측 표현 そうだ를 활용하여 긍정/부정문으로 완성해 봅시다.

시계/비싸다　　　　　　　　　時計/高い
➡ 이 시계는 비쌀 것 같다.　　　この時計は高そうだ。

지금이라도/눈물/나오다　　　　今にも/なみだ/出る
➡ 지금이라도 눈물이 나올 것 같다.　今にもなみだが出そうだ。

영화/재미있다　　　　　　　　映画/面白い
➡ 저 영화는 재밌지 않을 것 같다.　あの映画は面白くなさそうだ。

STEP 3  일본어 여행하기

정답 개수 ☐ / 15

1 다음 어휘를 알맞은 뜻에 연결해 보세요.

① 辛い •　　　　　　　　　　• A 튼튼하다

② 大変だ •　　　　　　　　　• B 힘들다

③ 丈夫だ •　　　　　　　　　• C 새롭다

④ 新しい •　　　　　　　　　• D 맵다

2 다음 우리말에 맞게 알맞은 표현을 고르세요.

① 明日はもっと寒く　A なるそうだ　B なりそうだ　。
내일은 더 추워질 것 같다.

② 体に　A いそうな　B よさそうな　ジュースですね。
몸에 좋을 것 같은 주스네요.

③ 山口さんは背が　A 高くないそうだ　B 高くなさそうだ　。
야마구치 씨는 키가 크지 않은 것 같다.

3 다음 어휘를 보고 우리말 의미에 맞게 바꿔 보세요.

① 降る ― 　　　　　　　　　 ―
내리다　　　　　내릴 것 같다　　　　　내리지 않을 것 같다

② 辛い ― 　　　　　　　　　 ―
맵다　　　　　　매울 것 같다　　　　　맵지 않을 것 같다

③ 大変だ ― 　　　　　　　　　 ―
힘들다　　　　　힘들 것 같다　　　　　힘들지 않을 것 같다

[4] 다음 그림에 맞춰 보기를 활용하여 문장을 만들어 보세요.

보기
かばん 가방 | 落ちる 떨어지다 | さく 피다 | 消える 꺼지다
もうすぐ 곧 | さくら 벚꽃 | 今にも 당장이라도 | 火 불

① ➡ _____ 。
가방이 떨어질 것 같습니다.

② ➡ _____ 。
곧 벚꽃이 필 것 같습니다.

③ ➡ _____ 。
당장이라도 불이 꺼질 것 같습니다.

JLPT N4 기출 유형 맛보기

[5] 다음 문장의 (　)에 들어갈 것으로 가장 적당한 것을 1·2·3·4 에서 하나 고르세요.

① 赤ちゃんが今にも(　　)そうです。 아기가 지금이라도 당장 울 것 같습니다.

1 泣く　　2 泣き　　3 泣いて　　4 泣いた

② A : ボタンが(　　)そうですよ。 단추가 떨어질 것 같아요.
B : あ、ありがとうございます。 아, 감사합니다.

1 とれる　　2 とれて　　3 とれた　　4 とれ

정답은 정답 체크 5p에서 확인하세요!

Day 17

학습 체크인 | DATE

春が来たようだ。
봄이 온 듯하다.

추측과 판단을 나타내는 표현을 마스터한다.

 경험을 근거로 하는
추측 표현「ようだ」익히기

 좀 더 캐주얼한
추측 표현「みたいだ」익히기

STEP 1 — 일본어 준비물 체크하기

✈️ 경험을 근거로 하는 추측 표현 ようだ를 익히고, 자유롭게 느낀 것을 말해 봅시다.

~ようだ ~인 것 같다, ~인 듯하다

동사의 보통형
い형용사 い
な형용사 だ<del>な</del>   + ようだ
명사 の

「~ようだ(~인 것 같다, ~인 듯하다)」는 자신의 감각이나 경험을 근거로 하여 주관적으로 판단할 때 사용하는 추측 표현입니다.

今度のテスト、難しいようだね。
이번 시험 어려운 것 같아.

マリーは先輩が好きなようです。
마리는 선배를 좋아하는 것 같습니다.

部長は今留守のようです。
부장님은 지금 부재중이신 것 같습니다.

단어
今度 이번
難しい 어렵다
先輩 선배
好きだ 좋아하다
部長 부장님
留守 부재중

 꿀팁!

「まるで」와 함께 '마치 ~같다'라는 뜻으로 사용하기도 합니다.
예) まるで春が来たようだ。
마치 봄이 온 것 같다.

 **체크리스트**

～みたいだ ～인 것 같다, ~인 듯하다

동사의 보통형
い형용사 い
な형용사 だ   ＋ みたいだ
명사

「～みたいだ(~인 것 같다, ~인 듯하다)」는 「～ようだ」와 의미는 똑같지만 회화에서 자주 사용하는 표현입니다. 접속 방법은 「～ようだ」와 다르기 때문에 주의해 주세요.

단어
風邪(かぜ)をひく 감기에 걸리다
週末(しゅうまつ) 주말
お客(きゃく)さん 손님
多(おお)い 많다
サッカー 축구
一番(いちばん) 가장, 제일

彼は風邪をひいた**みたいだ**。　　　그는 감기에 걸린 것 같다.
週末はお客さんが多い**みたい**です。　주말에는 손님이 많은 듯합니다.
うちの子はサッカーが一番好き**みたい**。　우리 아이는 축구를 가장 좋아하는 것 같아.

 체크리스트 확인 완료!

STEP 2 신나자 일본어 연습하기

쓰기　읽기　말하기

 다음 어휘를 추측 표현 ようだ와 みたいだ를 사용해서 문장을 완성해 봅시다.

레스토랑/맛있다　　　　　　　　　レストラン/おいしい

 저 레스토랑은 맛있는 것 같다.　　あのレストランはおいしいようだ。

나카가와 군/오다　　　　　　　　中川(なかがわ)くん/来(く)る

➡ 나카가와 군은 오지 않을 것 같다.　中川くんは来ないようだ。

이미/돌아가다　　　　　　　　　もう/帰(かえ)る

➡ 이미 돌아간 것 같습니다.　　　もう帰ったみたいです。

영화/시작되다　　　　　　　　　映画(えいが)/始(はじ)まる

➡ 영화가 시작된 것 같다.　　　　映画が始まったみたいだ。

STEP 3  일본어 여행하기

정답 개수 ☐ / 15

1 다음 어휘를 알맞은 뜻에 연결해 보세요.

① 週末(しゅうまつ) •   • A 부재중
② 部長(ぶちょう) •   • B 선배
③ 先輩(せんぱい) •   • C 부장님
④ 留守(るす) •   • D 주말

2 다음 빈칸에 알맞은 히라가나를 넣어 보세요.

① さっき雨(あめ)が降(ふ)った ☐☐☐ です。
아까 비가 온 것 같습니다.

② この町(まち)はとても静(しず)かな ☐☐ だ。
이 마을은 매우 조용한 것 같다.

③ あの二人(ふたり)はけんかした ☐☐ です。
저 두 사람은 싸운 것 같습니다.

④ 彼女(かのじょ)は背(せ)が高(たか)くて ☐☐☐ モデル ☐☐☐ だ。
그녀는 키가 커서 마치 모델인 것 같다.

3 다음을 읽고 틀린 곳을 고치세요.

① 仕事(しごと)で大変(たいへん)だみたいです。   일로 힘든 것 같습니다.

② 熱(ねつ)があるのようです。   열이 있는 것 같습니다.

③ まるで歌手(かしゅ)ように歌(うた)が上手(じょうず)だ。   마치 가수처럼 노래를 잘한다.

3

4 다음을 읽고 보기를 활용하여 대화를 완성해 보세요.

보기 ようだ | みたいだ

1. 隣の部屋、ちょっとうるさいですね。
   옆방 조금 시끄럽네요.

   飲み会の ❶ _____ ですね。
   회식인 것 같아요.

2. あ、店が閉まっている。
   아, 가게가 닫혀 있어.

   本当だ。今日は休み ❷ _____ ね。
   정말이네. 오늘은 쉬는 날인 것 같네.

JLPT N4 기출 유형 맛보기

5 다음 문장의 ( )에 들어갈 것으로 가장 적당한 것을 1·2·3·4 에서 하나 고르세요.

❶ A : 今日、風が強いですね。 오늘 바람이 세네요.
   B : そうですね。まるで台風(　　　)です。 그렇네요. 마치 태풍인 것 같아요.

   1 のよう　　2 そう　　3 なよう　　4 よう

❷ あのうどん屋はとても人気がある(　　　)。 저 우동 가게는 매우 인기가 많은 것 같다.

   1 みたいだ　　2 なみたいだ　　3 のみたいだ　　4 のようだ

정답은 정답 체크 5p에서 확인하세요!

Day 18

학습 체크인 | DATE

おいしいらしい。
맛있는 것 같다.

추측과 전문을 나타내는 표현 らしい를 마스터한다.

 근거 있는 추측 표현 「らしい」 익히기

 명사의 특징을 나타내는 「らしい」 익히기

STEP 1 - 진짜 일본어 준비물 체크하기

추측과 전문 표현의 らしい를 익히고, 명사의 특징을 살려 말해 봅시다.

～らしい　～인 것 같다, ~라고 한다
동사의 보통형 い형용사 い な형용사 だ 명사　＋ らしい

「～らしい(~인 것 같다, ~라고 한다)」는 말하는 사람이 보거나 들은 객관적인 정보를 가지고 판단하고 추측하는 표현입니다. 또한 다른 사람에게서 들은 것을 전달할 때에도 사용합니다.

あそこのパンはおいしいらしい。
저 곳의 빵은 맛있는 것 같다.

森さんは来月で会社をやめるらしい。
모리 씨는 다음 달로 회사를 그만둔다는 것 같다.

彼女はもうすぐ結婚するらしい。
그녀는 곧 결혼한다고 한다.

단어
- パン 빵
- 来月(らいげつ) 다음 달
- 会社(かいしゃ) 회사
- やめる 그만두다
- もうすぐ 곧
- 結婚(けっこん)する 결혼하다

> 꿀팁! 「～らしい」는 자신과 관련된 일에는 사용하지 않는 것을 꼭 주의해 주세요.

 **~らしい** ~답다, ~스럽다
명사 + らしい

「~らしい(~답다, ~스럽다)」는 명사 뒤에 접속하여 그 명사의 특징이 잘 나타난 모습을 말하고 싶을 때 사용하는 표현입니다.

단어
ネイティブ 네이티브
暖かい 따뜻하다
春 봄
あきらめる 포기하다
なんて ~하다니

ネイティブらしい日本語が話したい。　네이티브처럼 일본어를 말하고 싶다.
今日は暖かくて春らしい天気ですね。　오늘은 따뜻하고 봄다운 날씨네요.
あきらめるなんて君らしくないよ。　포기하다니 너답지 않아.

「~らしい(~답다, ~스럽다)」의 부정형은 い형용사처럼 「い」를 떼고 「くない」를 연결하여 활용합니다.

 **STEP 2** 신저자 일본어 연습하기

쓰기　읽기　말하기

✈ 다음 어휘를 らしい를 활용한 문장으로 완성해 봅시다.

할머니/건강하다
➡ 할머니는 건강하신 것 같다.
おばあさん/元気だ
✏ おばあさんは元気らしい。

내년/졸업하다
➡ 내년에 졸업한다고 한다.
来年/卒業する
来年卒業するらしい。

완전히/가을
➡ 완전히 가을다워졌네요.
すっかり/秋
すっかり秋らしくなりましたね。

가게/팬케이크/맛있다
➡ 이 가게의 팬케이크는 맛있는 것 같다.
店/パンケーキ/おいしい
この店のパンケーキはおいしいらしい。

STEP 3  일본어 여행하기

정답 개수 ☐ / 15

1 다음 어휘를 활용하여 알맞은 히라가나를 넣어 보세요.

① やめる ➡ ☐☐☐☐☐。
그만두다   그만두는 것 같다.

② 忙しい ➡ 忙☐☐☐☐☐。
바쁘다   바쁜 것 같다.

③ 有名だ ➡ 有名☐☐☐。
유명하다   유명한 것 같다.

④ 学生 ➡ 学生☐☐☐。
학생   학생답다.

2 다음 어휘를 알맞은 뜻에 연결해 보세요.

① ネイティブ •   • A 봄
② 春 •   • B 네이티브
③ パン •   • C 다음 달
④ 来月 •   • D 빵

3 다음 우리말에 맞게 알맞은 표현을 고르세요.

① 今年は暖かくてあまり A 冬らしい   B 冬らしくない 。
올해는 따뜻해서 별로 겨울답지 않다.

② 明日は山田さんの A 誕生日らしい   B 誕生日らしくない 。
내일은 야마다 씨의 생일이라고 한다.

4 다음을 읽고 보기를 활용하여 대화를 완성해 보세요.

보기 　　　　　　夏 여름 | ある 있다 | できる 생기다

1. 今日、暑いですね。
   오늘 덥네요.

   ええ、本当に ① _____ 日ですね。
   네, 정말 여름다운 날이네요.

2. 金曜日にパーティーが ② _____ です。
   금요일에 파티가 있는 것 같아요.

   そうですか。じゃ、一緒に行きましょう。
   그래요? 그럼, 같이 가요.

3. 駅前に新しいカフェが ③ _____ よ。
   역 앞에 새로운 카페가 생겼다는 것 같아.

   本当？行ってみたい。
   정말? 가 보고 싶다.

JLPT N4 기출 유형 맛보기

5 다음 문장의 ★ 에 들어갈 것으로 가장 적당한 것을 1·2·3·4 에서 하나 고르세요.

① 最近 _____ ★ _____ _____ 。 요즘 비다운 비가 내리지 않습니다.

　1 雨が　　　2 雨らしい　　　3 いません　　　4 降って

② 林さんは _____ _____ ★ _____ です。 하야시 씨는 내년에 여자친구와 결혼한다고 합니다.

　1 彼女と　　　2 結婚する　　　3 らしい　　　4 来年

정답은 정답 체크 6p에서 확인하세요!

Day 19

大雪が降るかもしれない。
큰 눈이 올지도 모른다.

가능성을 추측하는 표현을 마스터한다.

 「かもしれない」를 익히고 추측하기

 「だろう」를 익히고 추측하기

STEP 1

✈ 다양한 추측 표현을 익히고, 앞으로 일어날 가능성을 추측하여 자유롭게 말해 봅시다.

~かもしれない ~일지도 모른다

동사의 보통형
い형용사 い
な형용사 だ   + かもしれない
명사

「~かもしれない(~일지도 모른다)」는 말하는 사람이 그럴 가능성이 있다고 추측할 때 사용하는 표현입니다. 그 확률은 높을 수도 낮을 수도 있습니다. 정중 표현은 「~かもしれません(~일지도 모릅니다)」 또는 「~かもしれないです」라고 합니다.

明日大雪が降るかもしれない。
내일 큰 눈이 올지도 모른다.

木村さんなら考えてくれるかもしれません。
기무라 씨라면 생각해 줄지도 모릅니다.

田中さんは今日来ないかもしれないよ。
다나카 씨는 오늘 오지 않을지도 몰라.

단어
明日 내일
大雪 큰 눈, 대설
考える 생각하다

~だろう ~일 것이다, ~겠지

동사의 보통형
い형용사 い
な형용사 だ
명사
+ だろう

「~だろう(~일 것이다, ~겠지)」는 단정할 수 없는 불확실한 일이나 미래에 대한 추측을 나타내는 표현입니다. 「でしょう」는 '~일 것입니다, ~겠지요'라는 뜻으로 「だろう」의 정중한 표현이며 접속 방법은 「だろう」와 같습니다.

단어
今回 이번
きっと 꼭, 틀림없이
合格 합격
漢字 한자
来週 다음 주
天気 날씨

今回はきっと合格するだろう。 이번에는 꼭 합격하겠지.
この漢字はテストに出るだろう。 이 한자는 테스트에 나올 것이다.
来週もいい天気でしょう。 다음 주도 좋은 날씨겠죠.

꿀팁! 문장 끝을 올려 말하면 '~이지?'라는 뜻으로 상대방에게 동의를 구하여 확인하는 뉘앙스가 있습니다.
예) 君も飲み会に行くだろう？↗
너도 회식에 갈 거지?

체크리스트 확인 완료!

STEP 2 지금자 일본어 연습하기

쓰기 읽기 말하기

 다음 어휘를 추측 표현으로 바꾸어 말하고 따라 써 봅시다.

그녀/결혼하다
彼女/結婚する
➡ 그녀는 결혼했을지도 모른다.
彼女は結婚しているかもしれない。

택시/제시간에 맞추다
タクシー/間に合う
➡ 택시라면 제시간에 맞출 수 있겠지.
タクシーなら間に合うだろう。

여름 방학/후쿠오카/가다
夏休み/福岡/行く
➡ 여름 방학에 후쿠오카에 갈지도 모른다.
夏休みに福岡に行くかもしれない。

STEP 3  일본어 여행하기

정답 개수 ☐ / 15

1 다음 빈칸에 알맞은 히라가나를 넣어 보세요.

① 저 두 사람은 형제<u>일지도</u> 모른다.　　あの二人は兄弟 ☐☐ しれない。

② 이번 시합은 이길 <u>것이다</u>.　　今度の試合はかつ ☐☐☐。

③ 내년에 결혼할지도 <u>모릅니다</u>.　　来年結婚するかも ☐☐☐☐☐。

④ 이 일은 혼자서 힘들 <u>것입니다</u>.　　この仕事は一人で大変 ☐☐☐☐。

2 다음을 읽고 빈칸을 우리말 의미에 맞게 바꿔 보세요.

① パーティーに行く　➡　＿＿＿＿＿＿＿＿＿。
　파티에 가다　　　　　　　　　　　　　파티에 갈지도 모릅니다.

② 試験はかんたんだ　➡　＿＿＿＿＿＿＿＿＿。
　시험은 간단하다　　　　　　　　　　　시험은 간단할 것이다.

③ 明日はあたたかい　➡　＿＿＿＿＿＿＿＿＿。
　내일은 따뜻하다　　　　　　　　　　　내일은 따뜻할 것입니다.

3 다음 우리말에 맞게 알맞은 표현을 고르세요.

① このかばんは高い　A かもしれない　B だろう　。
　이 가방은 비쌀지도 모른다.

② 明日なら結果がわかる　A かもしれません　B でしょう　。
　내일이면 결과를 알 수 있겠지요.

③ 北海道はもう雪が降った　A かもしれません　B だろう　。
　홋카이도는 벌써 눈이 내렸을지도 모릅니다.

4 다음을 읽고 보기를 활용하여 대화를 완성해 보세요.

보기　　　　　　　　でしょう ❘ かもしれない ❘ だろう

1. 山田さん、遅いですね。
야마다 씨, 늦네요.

   大丈夫です。もうすぐ来る ❶ _____ 。
   괜찮아요. 곧 오겠지요.

2. この本、おもしろかった ❷ _____ ？
이 책, 재미있었지?

   うん。また読みたい。
   응, 또 읽고 싶어.

3. 天気が悪くなりました。
날씨가 나빠졌어요.

   午後から雨が降る ❸ _____ よ。
   오후부터 비가 올지도 몰라요.

JLPT N4 기출 유형 맛보기

5 다음 문장의 ( )에 들어갈 것으로 가장 적당한 것을 1·2·3·4에서 하나 고르세요.

❶ このスーツはいつかまた(　　　)かもしれない。 이 슈트는 언젠가 다시 입을지도 몰라.

　1 着た　　　2 着る　　　3 着て　　　4 着れば

❷ 雨が降ったら、花火大会はキャンセルに(　　　)。
비가 오면 불꽃축제는 취소될 것이다.

　1 なるだろう　　　　　　2 なればいい
　3 ならなくてもいい　　　4 なったでしょう

정답은 정답 체크 6p에서 확인하세요!

Day 20

テストに出ると思う。
시험에 나올 것 같아.

생각과 판단을 나타내는 표현을 마스터한다.

- 주관적인 생각을 나타내는 「と思う」 익히기
- 확신을 가지고 판단하는 「はずだ」 익히기

STEP 1 — 일본어 준비물 체크하기

생각과 판단을 나타내는 표현을 익히고, 자신의 의견을 확실하게 말해 봅시다.

～と思う ~라고 생각한다

동사의 보통형
い형용사 い
な형용사 だ   + と思う
명사 だ

「～と思う(~라고 생각한다)」는 말하는 사람의 주관적인 판단과 개인적인 의견을 나타내는 추측 표현입니다. 완곡한 뉘앙스로 자신의 생각을 부드럽게 전달할 때 사용합니다.

この問題はテストに出ると思う。
이 문제는 시험에 나올 것 같아.

今日は午後から雨が降ると思います。
오늘은 오후부터 비가 내릴 거라고 생각합니다.

気をつけて！まだ熱いと思う。
조심해! 아직 뜨거울 것 같아.

단어
- 問題 문제
- 午後 오후
- まだ 아직
- 熱い 뜨겁다
- 気をつける 주의하다, 조심하다

「～と思う」와 비슷한 형태인 「～と思っている(~라고 생각하고 있다)」는 말하는 사람이 이전부터 현재까지 그러한 의견이나 신념을 가지고 있다는 것을 나타낼 때 사용합니다.

예) 私はこの答えが正しいと思っている。
나는 이 답이 옳다고 생각하고 있다.

체크리스트

~はずだ (틀림없이) ~일 것이다

동사의 보통형
い형용사 い
な형용사 だ な
명사の
+ はずだ

「~はずだ(~일 것이다)」는 어떤 객관적인 근거를 바탕으로 추측하는 표현입니다. 확신을 가지고 틀림없이 그러할 것이라고 판단할 때 사용합니다.

このボタンを押すと、電気がつくはずです。
이 버튼을 누르면 불이 켜질 것입니다.

右にまがると、高いビルが見えるはずです。
오른쪽으로 돌면 높은 빌딩이 보일 것입니다.

A: 彼は、ドイツに10年住んでいたそうよ。
그는 독일에서 10년 살았다고 해요.

B: じゃあ、きっとドイツ語が上手なはずだね。
그럼, 틀림없이 독일어를 잘하겠네.

단어

ボタン 버튼
押す 누르다
電気がつく 불이 켜지다
まがる (길을) 돌다
ビル 빌딩
見える 보이다
住む 살다
じゃあ 그럼
きっと 틀림없이
ドイツ語 독일어
上手だ 잘하다, 능숙하다

부정 표현은 「~はずがない」로 활용하며, '~일 리가 없다'라는 의미이니 참고하세요.

체크리스트 확인 완료!

STEP 2 일본어 연습하기

쓰기 읽기 말하기

다음 어휘를 추측 표현으로 바꾸어 말하고 따라 써 봅시다.

내일/덥다 　　　　　　　　明日/暑い

➡ 내일은 더울 것 같습니다. 　　明日は暑いと思います。

오늘/도서관/쉬다 　　　　　今日/図書館/休む

➡ 오늘 도서관은 쉴 것 같아. 　今日図書館は休むと思う。

선생님/알다 　　　　　　　先生/わかる

➡ 선생님이라면 알 것입니다. 　先生ならわかるはずです。

STEP 3  일본어 여행하기

정답 개수 ☐ / 15

1 다음 어휘를 알맞은 뜻에 연결해 보세요.

① 押す •　　　　　　　　• A 보이다

② 見える •　　　　　　　• B 살다

③ 住む •　　　　　　　　• C 뜨겁다

④ 熱い •　　　　　　　　• D 누르다

2 다음을 읽고 빈칸을 우리말 의미에 맞게 바꿔 보세요.

① コンビニは便利だ ➡ ＿＿＿＿＿＿＿＿＿＿。
편의점은 편리하다　　　　　　　편의점은 편리하다고 생각한다.

② 電気がつく ➡ ＿＿＿＿＿＿＿＿＿＿。
불이 켜지다　　　　　　　　　　불이 켜질 것이다.

③ 頭がいい ➡ ＿＿＿＿＿＿＿＿＿＿。
머리가 좋다　　　　　　　　　　머리가 좋을 것입니다.

3 다음 우리말에 맞게 알맞은 표현을 고르세요.

① このテキストは役に立つ A と思う　B はずだ 。
이 교재는 도움이 될 것 같다고 생각해.

② あしあとを見ると、犯人は一人の A はずだ　B はずがない 。
발자취를 보니 범인은 한 명일리가 없다.

③ 新しい先生はやさしい A と思います　B はずです 。
새로운 선생님은 상냥하다고 생각합니다.

④ お誕生日パーティーはきっと楽しい A と思います　B はずです 。
생일 파티는 틀림없이 즐거울 것입니다.

4 다음을 읽고 보기를 활용하여 대화를 완성해 보세요.

보기: はずだ | と思う

1. プロのカメラマンに写真を撮ってもらったよ。
   프로 카메라맨이 사진을 찍어줬어.

   うわ、すごい！すてきな写真 ① _____ ね。
   우와, 대단해! 멋진 사진이겠네.

2. 今日、天気がいいですね。
   오늘 날씨가 좋네요.

   ええ、昨日よりすずしい ② _____ 。
   네, 어제보다 시원한 것 같아요.

JLPT N4 기출 유형 맛보기

5 다음 문장의 (   )에 들어갈 것으로 가장 적당한 것을 1·2·3·4 에서 하나 고르세요.

① 留学生活はきっと仕事にも役に立つ(   )。
유학생활은 틀림없이 일에도 도움이 될 것이다.

1 のだろう　　2 ようだ　　3 そうだ　　4 はずだ

② 京都はきれいな(   )と思います。 교토는 예쁜 도시라고 생각합니다.

1 都市　　2 都市だ　　3 都市の　　4 都市で

정답은 정답 체크 6p에서 확인하세요!

Day 21

早(はや)く急(いそ)ごう。
빨리 서두르자.

1그룹 동사와 2그룹 동사의 의지형을 마스터한다.

- 1그룹 동사의 의지형 익히기
- 2그룹 동사의 의지형 익히기

STEP 1 진짜짜 일본어 준비물 체크하기

1그룹과 2그룹 동사의 의지형을 익히고, '~하자(권유), ~해야지(의지)'라고 말해 봅시다.

1그룹 동사의 의지형
う단 ➡ お단 + う

1그룹 동사의 의지형은 동사의 끝 う단을 お단으로 바꾼 후 「う」를 붙입니다.

사전형	의지형	따라 써 보기
会(あ)う 만나다	会(あ)おう 만나자, 만나야지	会おう
待(ま)つ 기다리다	待(ま)とう 기다리자, 기다려야지	待とう
乗(の)る 타다	乗(の)ろう 타자, 타야지	乗ろう
死(し)ぬ 죽다	死(し)のう 죽자, 죽어야지	死のう
呼(よ)ぶ 부르다	呼(よ)ぼう 부르자, 불러야지	呼ぼう
読(よ)む 읽다	読(よ)もう 읽자, 읽어야지	読もう
書(か)く 쓰다	書(か)こう 쓰자, 써야지	書こう
急(いそ)ぐ 서두르다	急(いそ)ごう 서두르자, 서둘러야지	急ごう

사전형	의지형	따라 써 보기
話す 이야기하다	話そう 이야기하자, 이야기해야지	話そう
走る 달리다 (예외 1그룹!)	走ろう 달리자, 달려야지	走ろう
帰る 돌아가(오)다 (예외 1그룹!)	帰ろう 돌아가(오)자, 돌아가(와)야지	帰ろう

 **2그룹 동사의 의지형**
る ➡ よう

2그룹 동사의 의지형은 마지막 「る」를 떼고 「よう」를 붙입니다.

사전형	의지형	따라 써 보기
見る 보다	見よう 보자, 봐야지	見よう
いる 있다	いよう 있자, 있어야지	いよう
起きる 일어나다	起きよう 일어나자, 일어나야지	起きよう
着る 입다	着よう 입자, 입어야지	着よう
食べる 먹다	食べよう 먹자, 먹어야지	食べよう
寝る 자다	寝よう 자자, 자야지	寝よう
入れる 넣다	入れよう 넣자, 넣어야지	入れよう
伝える 전하다	伝えよう 전하자, 전해야지	伝えよう

 **STEP 2** 진짜자 **일본어 연습하기**

 다음 어휘를 사용해서 의지형 문장으로 완성해 봅시다.

빨리/서두르다 　　　　　　　 早く/急ぐ

➡ 빨리 서두르자(서둘러야지). 　　🖊 早く急ごう。

택시/타다 　　　　　　　 タクシー/乗る

➡ 택시를 타자(타야지). 　　タクシーに乗ろう。

STEP 3  일본어 여행하기

 정답 개수 ☐ / 15

1 다음 동사를 의지형으로 만들어 보세요.

① 会う — 会☐☐
　만나다　　만나자, 만나야지

② 起きる — 起☐☐☐
　일어나다　　일어나자, 일어나야지

③ 書く — 書☐☐
　쓰다　　쓰자, 써야지

2 다음 뜻에 알맞은 동사를 연결해 보세요.

① 자자, 자야지 •　　　　　• A 食べよう

② 가자, 가야지 •　　　　　• B 寝よう

③ 읽자, 읽어야지 •　　　　　• C 行こう

④ 먹자, 먹어야지 •　　　　　• D 読もう

3 다음 동사의 의지형 활용 부분이 맞으면 ○, 틀리면 X로 표시해 보세요.

① 見ろう　　보자, 봐야지　➡　(　　)

② 走ろう　　달리자, 달려야지　➡　(　　)

③ 伝えろう　전하자, 전해야지　➡　(　　)

4   다음을 읽고 보기를 활용하여 빈칸을 채워 보세요.

보기 泳ぐ 헤엄치다 | 入れる 넣다 | 呼ぶ 부르다

① 海で友だちと _____ 。
바다에서 친구와 헤엄쳐야지.

② コーヒーにさとうを _____ 。
커피에 설탕을 넣어야지.

③ パーティーに田中さんも _____ 。
파티에 다나카 씨도 부르자.

JLPT N4 기출 유형 맛보기

5   다음 문장의 (   )에 들어갈 것으로 가장 적당한 것을 1·2·3·4 에서 하나 고르세요.

① ちょっと寒いね。窓を(   )。 좀 춥네. 창문을 닫자.

  1 閉めた   2 開けよう   3 閉めよう   4 開けた

② 休みの日に遊びに(   )。 쉬는 날에 놀러 가자.

  1 行きよう   2 行こう   3 帰ろう   4 帰よう

정답은 정답 체크 6p에서 확인하세요!

한 줄 여행 일본어

여기저기 간판은 많이 보이는데 어떤 곳인지 감이 안 잡히는 현지 가게, 잠깐 체크해 볼까요?

ネットカフェ PC방 | まんが喫茶 만화방 | 銭湯 대중 목욕탕 | 喫茶店 찻집, 카페

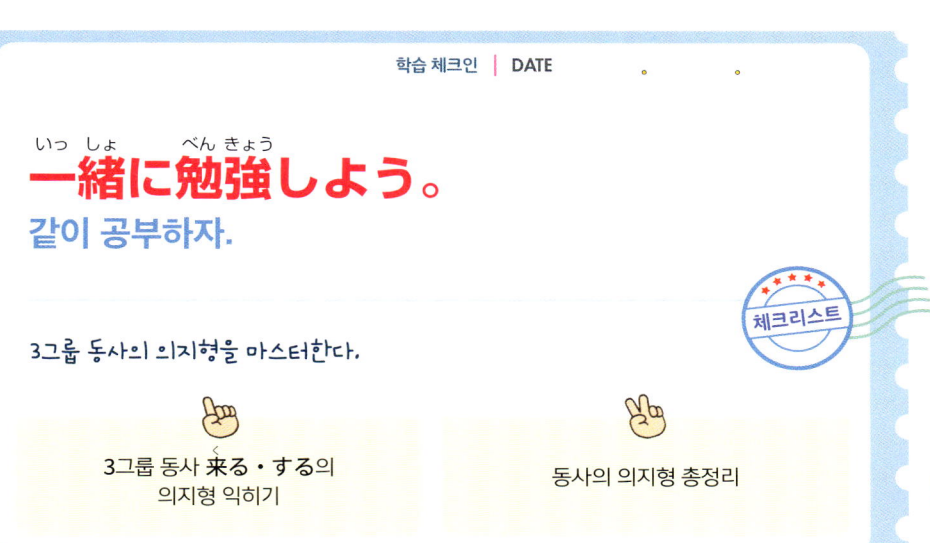

Day 22

一緒に勉強しよう。
같이 공부하자.

3그룹 동사의 의지형을 마스터한다.

- 3그룹 동사 来る・する의 의지형 익히기
- 동사의 의지형 총정리

STEP 1 - 진짜자 일본어 준비물 체크하기

3그룹 동사의 의지형을 익히고, 그룹별로 총정리를 해 봅시다.

체크리스트 - 3그룹 동사의 의지형
불규칙 활용

3그룹 동사의 의지형은 불규칙으로 활용되므로 주의해야 합니다.

사전형	의지형	따라 써 보기
来る 오다	来よう 오자, 와야지	来よう
する 하다	しよう 하자, 해야지	しよう

일상생활 속에서 쓰이는 의지형 활용 예문을 살펴봅시다.

예 今度弁当を持って来よう。
다음에 도시락을 갖고 오자(와야지).

レストランを予約しよう。
레스토랑을 예약하자(예약해야지).

 **동사의 의지형 총정리**

동사의 의지형 접속 방법을 그룹별로 구분하여 정리해 봅시다.

그룹	의지형 접속 방법	예
1그룹	う단을 お단으로 바꾸고 う 연결	会う ➡ 会おう 만나자, 만나야지 待つ ➡ 待とう 기다리자, 기다려야지 乗る ➡ 乗ろう 타자, 타야지 死ぬ ➡ 死のう 죽자, 죽어야지 呼ぶ ➡ 呼ぼう 부르자, 불러야지 読む ➡ 読もう 읽자, 읽어야지 書く ➡ 書こう 쓰자, 써야지 泳ぐ ➡ 泳ごう 헤엄치자, 헤엄쳐야지 話す ➡ 話そう 이야기하자, 이야기해야지
2그룹	る 떼고 よう 연결	見る ➡ 見よう 보자, 봐야지 食べる ➡ 食べよう 먹자, 먹어야지
3그룹	불규칙 활용	来る ➡ 来よう 오자, 와야지 する ➡ しよう 하자, 해야지

STEP 2 신짱 일본어 연습하기

쓰기 읽기 말하기

다음 어휘를 사용해서 의지형 문장으로 완성해 봅시다.

공원/기다리다   公園/待つ

➡ 공원에서 기다리자(기다려야지).   公園で待とう。

영화/보다   映画/見る

➡ 영화를 보자(봐야지).   映画を見よう。

일본어/공부하다   日本語/勉強する

➡ 일본어를 공부하자(공부해야지).   日本語を勉強しよう。

STEP 3  일본어 여행하기

 정답 개수 ☐ / 15

1 다음 동사를 의지형으로 만들어 보세요.

① 遊ぶ — 遊 ☐☐
놀다   놀자, 놀아야지

② 来る — 来 ☐☐
오다   오자, 와야지

③ 食べる — 食 ☐☐☐
먹다   먹자, 먹어야지

2 다음 동사를 활용하여 알맞은 히라가나를 넣어 보세요.

① 切る ➡ かみの毛を短く切☐☐。
자르다   머리카락을 짧게 잘라야지.

② 洗う ➡ きれいに手を洗☐☐。
씻다   깨끗이 손을 씻자.

③ そうじする ➡ 部屋を☐☐☐☐☐。
청소하다   방을 청소하자.

3 다음을 읽고 틀린 곳을 고치세요.

① 写真を撮よう。   사진을 찍어야지.

② 駅前で待っとう。   역 앞에서 기다리자.

③ また遊びに来ろう。   또 놀러 와야지.

4 다음 그림에 맞춰 의지형을 활용하여 문장을 만들어 보세요.

❶ シャワーをあびる   샤워를 하다
　➡ ＿＿＿＿＿＿＿＿＿＿＿＿＿＿＿＿＿＿＿。
　샤워를 해야지.

❷ 心を伝える   마음을 전하다
　➡ ＿＿＿＿＿＿＿＿＿＿＿＿＿＿＿＿＿＿＿。
　마음을 전해야지.

❸ 電車に乗る   전철을 타다
　➡ ＿＿＿＿＿＿＿＿＿＿＿＿＿＿＿＿＿＿＿。
　전철을 타자.

❹ 日記を書く   일기를 쓰다
　➡ ＿＿＿＿＿＿＿＿＿＿＿＿＿＿＿＿＿＿＿。
　일기를 써야지.

JLPT N4 기출 유형 맛보기

5 다음 문장의 (　)에 들어갈 것으로 가장 적당한 것을 1·2·3·4 에서 하나 고르세요.

❶ A : ちょっと暗くない？ 조금 어둡지 않아?
　B : 部屋の電気を(　　　)。 방의 불을 켜자.

　1 つける　　2 つけよう　　3 つけろう　　4 つけよ

❷ 家に早く帰ったら(　　　)。 집에 일찍 돌아가면 운동해야지.

　1 運動しよう　　2 運動した　　3 運動しろう　　4 運動だろう

정답은 정답 체크 6p에서 확인하세요!

Day 23

ダイエットしようと思(おも)う。
다이어트하려고 한다.

학습 체크인 | DATE

의지와 권유를 나타내는 표현을 마스터한다.

 의지형으로 노력의 뉘앙스 표현하기

 의지형으로 자신의 계획 표현하기

 의지형으로 상대방에게 권유·제안하기

리얼단어카드

STEP 1 · 진짜자 일본어 준비물 체크하기

동사의 의지형을 활용하여 앞으로의 계획을 말하고, 상대방에게 자유롭게 제안해 봅시다.

전체음원

체크리스트 〜(よ)うとする　〜하려고 한다
동사의 의지형 + とする

「〜(よ)うとする(〜하려고 한다)」는 어떤 동작을 하고자 하는 노력이나 의지를 나타낼 때 사용하는 표현입니다.

毎朝(まいあさ)6時(じ)に起(お)きようとしています。
매일 아침 6시에 일어나려고 합니다.

きらいな野菜(やさい)も食(た)べようとしている。
싫어하는 야채도 먹으려고 한다.

バイトをしてお金(かね)をためようとしています。
아르바이트를 해서 돈을 모으려고 해요.

단어
- 毎朝(まいあさ) 매일 아침
- きらいだ 싫어하다
- 野菜(やさい) 야채
- バイト 아르바이트
- ためる (돈을) 모으다

꿀팁! 어떤 동작을 하기 바로 직전의 뉘앙스를 나타내기도 합니다.

예) 仕事(しごと)が終(お)わって帰(かえ)ろうとしている。
일이 끝나서 돌아가려고 한다.

 **~(よ)うと思う   ~하려고 (생각)한다**
동사의 의지형 + と思う

「~(よ)うと思う(~하려고 한다)」는 앞으로의 자신의 계획이나 예정을 말하고자 할 때 사용하는 표현입니다.

今日からダイエットしようと思う。   오늘부터 다이어트하려고 한다.

昼ご飯にとんかつを食べようと思います。   점심으로 돈가스를 먹으려 합니다.

彼女の誕生日にゆびわをあげようと思う。   여자친구 생일에 반지를 주려고 해.

단어
ダイエット   다이어트
昼ご飯   점심(밥)
誕生日   생일
ゆびわ   반지

 **~(よ)うか   ~할까?**
동사의 의지형 + か

「~(よ)うか(~할까?)」는 말하는 사람이 상대방에게 어떠한 행동을 함께 할 것을 권유하거나 제안할 때 사용하는 표현입니다.

一緒にご飯でも食べようか。   같이 밥이라도 먹을까?

学校までバスで行こうか。   학교까지 버스로 갈까?

今日は外で運動しようか。   오늘은 밖에서 운동할까?

단어
一緒に   같이, 함께
ご飯   밥
外   밖
運動   운동

 **STEP 2 일본어 연습하기**

쓰기 읽기 말하기

 다음 어휘를 동사의 의지형으로 활용하여 문장을 완성해 봅시다.

일찍/자다   早く/寝る
➡ 일찍 자려고 합니다.   早く寝ようとしています。

영화/보다   映画/見る
➡ 영화라도 볼까?   映画でも見ようか。

2

STEP 3  일본어 여행하기

정답 개수 ☐ / 15

1 다음 동사를 활용하여 알맞은 히라가나를 넣어 보세요.

① 行く ➡ 買い物に行☐☐☐思う。
가다   장 보러 가려고 한다.

② 助ける ➡ 仕事を助☐☐☐☐。
돕다   일을 도와줄까?

③ 終わる ➡ 授業が終☐☐☐☐☐。
끝나다   수업이 끝나려고 한다.

2 다음 우리말에 맞게 알맞은 표현을 고르세요.

① そろそろ重い荷物を A 片づけようか B 片づけろうか 。
슬슬 무거운 짐을 정리할까?

② 週末に友だちに A 会うと B 会おうと 思います。
주말에 친구를 만나려고 합니다.

③ 彼女は東大に A 入ろうと B 入れようと している。
그녀는 도쿄대에 가려고 하고 있다.

④ バスに A 乗ろうと B 乗ると した時、忘れ物に気がついた。
버스를 타려고 했을 때 잊은 물건이 생각났다.

3 다음을 읽고 알맞은 문장이 되도록 연결해 보세요.

① プレゼントに・   ・A 借りようと思う。

② 本を・   ・B 何をあげようか。

③ 日本で・   ・C 働こうとしている。

3

4 다음을 읽고 보기를 활용하여 대화를 완성해 보세요.

보기 休む 쉬다 ｜ 電話する 전화하다 ｜ 作る 만들다

1. 明日、何をしますか。
   내일 무엇을 할 거예요?

   家でゆっくり ① _____ 。
   집에서 푹 쉬려고 생각합니다.

2. もしもし。上田くん、今どこ？
   여보세요. 우에다 군 지금 어디야?

   ごめん、今 ② _____ 。
   미안, 지금 전화하려고 했어.

3. 今日、すごく寒いね。
   오늘 굉장히 춥네.

   うん、そうね。温かいスープでも ③ _____ 。
   응, 그렇네. 따뜻한 스프라도 만들까?

JLPT N4 기출 유형 맛보기

5 다음 문장의 (　)에 들어갈 것으로 가장 적당한 것을 1·2·3·4 에서 하나 고르세요.

① お風呂に (　　) 時、ベルがなった。 목욕을 하려고 했을 때 벨이 울렸다.

　1 入ろうとした　　2 入ろうといた　　3 入ろうと思う　　4 入ろう

② 来年、彼女と結婚 (　　) と思っている。 내년에 여자친구와 결혼하려고 한다.

　1 する　　2 しない　　3 した　　4 しよう

정답은 정답 체크 7p에서 확인하세요!

Day 24

日記をつけるつもりだ。
일기를 쓸 생각이다.

의지와 예정을 나타내는 표현을 마스터한다.

☝ 강한 의지와 계획 나타내기   ✌ 정해진 일정과 예정 나타내기

STEP 1 · 신조사 일본어 준비물 체크하기

✈ 의지와 예정을 나타내는 표현을 익히고, 자유롭게 앞으로의 계획을 말해 봅시다.

~つもりだ ~할 생각이다, ~할 작정이다
동사의 사전형/동사의 ない형 + つもりだ

「~つもりだ(~할 생각이다, ~할 작정이다)」는 말하는 사람의 강한 의지와 예전부터 생각하고 있던 계획을 나타냅니다. 부정형은 동사의 ない형에 접속하여 '~하지 않을 생각이다, ~하지 않을 작정이다'로 해석할 수 있습니다.

家族とフランスに行くつもりだ。   가족과 프랑스에 갈 생각이다.
彼とは会わないつもりです。   그와는 만나지 않을 생각입니다.
寝る前に日記をつけるつもりだ。   자기 전에 일기를 쓸 생각이다.

단어
家族 가족
フランス 프랑스
日記をつける 일기를 쓰다

동사의 사전형에 「つもりはない」를 연결하여 '~할 생각은 없다'
라는 뜻으로 사용할 수 있습니다.

 예) ゴールデンウィークに旅行に行かないつもりだ。
골든위크에 여행을 가지 않을 생각이다.
ゴールデンウィークに旅行に行くつもりはない。
골든위크에 여행을 갈 생각은 없다.

~予定だ ~할 예정이다

동사의 사전형
명사 の } + 予定だ

「~予定だ(~할 예정이다)」는 이미 정해져 있는 예정이나 구체적인 계획을 말할 때 사용합니다. 말하는 사람의 의지가 포함되지 않은 경우에도 사용할 수 있으며, 「~つもりだ」에 비해서 실현 가능성이 높습니다.

단어
- 来年 내년
- 結婚 결혼
- 花見 꽃구경
- 誰 누구
- 発売 발매

来年結婚する予定です。 내년에 결혼할 예정입니다.
花見は誰と行く予定ですか。 꽃구경은 누구와 갈 예정입니까?
明日発売の予定です。 내일 발매할 예정입니다.

STEP 2 - 일본어 연습하기

 다음 어휘를 의지와 예정을 나타내는 문장으로 완성해 봅시다.

쓰기 읽기 말하기

시부야/쇼핑하다 　　　渋谷/買い物する
➡ 시부야에서 쇼핑할 생각이다.   渋谷で買い物するつもりだ。

디저트/파르페/먹다 　　デザート/パフェ/食べる
➡ 디저트로 파르페를 먹을 생각이다. デザートにパフェを食べるつもりだ。

올해/졸업 　　　　　　今年/卒業
➡ 올해 졸업할 예정입니다. 今年卒業の予定です。

디즈니랜드/가다 　　　ディズニーランド/行く
➡ 디즈니랜드에 갈 생각이다. ディズニーランドに行くつもりだ。

STEP 3 ✈️ 일본어 여행하기

정답 개수 ☐ / 15

1 다음 빈칸에 알맞은 표현을 써 보세요.

① 夕食のあと、温泉に入る ☐☐☐ だ。
저녁 식사 후에 온천에 들어갈 생각이다.

② 家族と沖縄旅行 ☐ 予定です。
가족과 오키나와 여행을 갈 예정입니다.

③ 京都では一日けんを使う ☐☐☐ です。
교토에서는 1일권을 사용할 생각입니다.

④ コンサートは6時に始まる ☐☐ です。
콘서트는 6시에 시작될 예정입니다.

2 다음 어휘를 알맞은 뜻에 연결해 보세요.

① 日記 •   • A 발매
② 発売 •   • B 일기
③ 花見 •   • C 누구
④ 誰 •   • D 꽃구경

3 다음을 읽고 보기를 활용하여 대화를 완성해 보세요.

보기 : つもりだ ┃ 予定だ

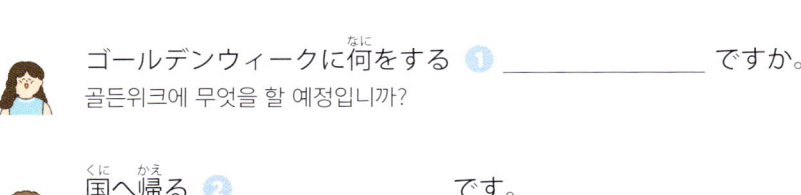

ゴールデンウィークに何をする ① _____ ですか。
골든위크에 무엇을 할 예정입니까?

国へ帰る ② _____ です。
고국으로 돌아갈 생각입니다.

4 다음 그림에 맞춰 문장을 만들어 보세요.

① 水族館に行く 수족관에 가다
→ _____ 。
수족관에 갈 생각이다.

② 飛行機に乗る 비행기를 타다
→ _____ 。
비행기를 탈 예정입니다.

③ タバコをやめる 담배를 끊다
→ _____ 。
담배를 끊을 생각입니다.

JLPT N4 기출 유형 맛보기

5 다음 문장의 (   )에 들어갈 것으로 가장 적당한 것을 1·2·3·4 에서 하나 고르세요.

① ペリーは一時間後に港に着く(   )。 페리는 한 시간 뒤에 항구에 도착할 예정입니다.

1 つもりです   2 予定です   3 思います   4 ようです

② 大学を卒業したら、会社を(   )つもりだ。 대학을 졸업하면 회사를 만들 생각이다.

1 作った   2 作る   3 作って   4 作り

정답은 정답 체크 7p에서 확인하세요!

Day 25

国（くに）へ帰（かえ）ることにした。
고국으로 돌아가기로 했다.

결심과 결정을 나타내는 표현을 마스터한다.

- 자신의 결심과 각오 나타내기
- 정해진 결정과 결과 나타내기

STEP 1 - 신짜! 일본어 준비물 체크하기

✈️ 결심과 결정을 나타내는 표현을 익히고, 자신 있게 자신의 일을 말해 봅시다.

☐ 체크리스트 ～ことにする ~하기로 하다
동사의 사전형/동사의 ない형 + ことにする

「～ことにする(~하기로 하다)」는 말하는 사람의 의지로 결정하고, 앞으로의 일에 대한 결심과 각오를 나타내는 표현입니다.

冬休（ふゆやす）みに国（くに）へ帰（かえ）ることにした。　　겨울 방학에 고국으로 돌아가기로 했다.

留学（りゅうがく）に行（い）かないことにしました。　　유학을 가지 않기로 했습니다.

お酒（さけ）をやめることにしました。　　술을 끊기로 했습니다.

단어
- 留学（りゅうがく） 유학
- やめる 끊다

> 💡 꿀팁!
> 명사에 접속하는 「～にする」는 '~로 하다'라는 뜻으로 「～ことにする」와 형태는 비슷하지만, 여러 선택지 중에서 어느 한 가지를 정할 때 사용하는 표현입니다.
>
> 예) A: 何（なに）を飲（の）む？ 뭐 마실래?
> B: 私（わたし）はコーヒーにする。 나는 커피로 할게.

 **~ことになる　~하게 되다**
동사의 사전형/동사의 ない형 + ことになる

「~ことになる(~하게 되다)」는 말하는 사람의 의지와는 상관없이 외부 요인에 의해 결정되는 것을 말합니다. 이미 정해진 결과를 나타내거나, 자신의 의지로 결정한 일을 완곡하게 표현할 때 사용하기도 합니다.

		단어
急に手術することになった。	갑자기 수술하게 되었다.	急に 갑자기
結局、一緒に行かないことになりました。	결국 같이 가지 않게 되었습니다.	手術 수술
4月、結婚することになりました。	4월에 결혼하게 되었습니다.	結局 결국
		結婚 결혼

 「~こととなる」라고 사용하는 표현도 있으며, 「~ことになる」보다 좀 더 딱딱한 뉘앙스를 나타냅니다.

STEP 2 신저자 일본어 연습하기

쓰기　읽기　말하기

다음 어휘를 활용하여 결심과 결정을 나타내는 문장을 완성해 봅시다.

역/역 도시락/사다
駅/駅弁/買う
➡ 역에서 역 도시락을 사기로 했다.
✏ 駅で駅弁を買うことにした。

여름/축제/중지하다
夏/まつり/中止する
➡ 여름 축제는 중지하게 되었다.
夏まつりは中止することになった。

신칸센/타다/가다
新幹線/乗る/行く
➡ 신칸센을 타고 가기로 했다.
新幹線に乗って行くことにした。

다음 달/도쿄/일하다
来月/東京/働く
➡ 다음 달부터 도쿄에서 일하게 되었다.
来月から東京で働くことになった。

STEP 3  일본어 여행하기

정답 개수 ☐ / 15

1 다음 동사를 보고 우리말 의미에 맞게 바꿔 보세요.

① 住む — _____ — _____
   살다   살기로 하다   살게 되다

② 見る — _____ — _____
   보다   보기로 하다   보게 되다

③ 帰る — _____ — _____
   돌아가다   돌아가기로 하다   돌아가게 되다

2 다음 우리말에 맞게 알맞은 표현을 고르세요.

① おじいさんが病気で手術する　A ことにした　　B ことになった　。
   할아버지가 아프셔서 수술하게 되었다.

② 仕事で大阪に行く　A ことにしました　　B ことになりました　。
   일로 오사카에 가게 되었습니다.

③ おみやげは東京バナナを買う　A ことにした　　B ことになった　。
   기념품은 도쿄 바나나를 사기로 했다.

3 다음 어휘를 알맞은 뜻에 연결해 보세요.

① 留学　•　　　　　　• A　갑자기

② 急に　•　　　　　　• B　유학

③ 結婚　•　　　　　　• C　결국

④ 結局　•　　　　　　• D　결혼

4 다음을 순서에 맞게 배열해 보세요.

① ビジネスホテル　泊まる　に　した　ことに
비즈니스 호텔에서 묵기로 했다.
➡ _____ 。

② 家に　新しい　ことに　なりました　引っこす
새 집으로 이사가게 되었습니다.
➡ _____ 。

③ 借りる　ことに　レンタカーを　した　沖縄では
오키나와에서는 렌터카를 빌리기로 했다.
➡ _____ 。

JLPT N4 기출 유형 맛보기

5 다음 문장의 ★ 에 들어갈 것으로 가장 적당한 것을 1·2·3·4 에서 하나 고르세요.

① 目が ____ ★ ____ ____ なった。 눈이 나빠져서 안경을 쓰게 되었다.

1 かける　　2 悪くなって　　3 メガネを　　4 ことに

② A : 午後から雪が降りますよ。 오후부터 눈이 와요.
B : じゃ ____ ____ ★ ____ 。 그럼, 오늘은 외출하지 않기로 할래.

1 する　　2 出かけない　　3 今日は　　4 ことに

Day 26

학습 체크인 | DATE

新幹線に乗れる。
신칸센을 탈 수 있다.

1그룹 동사와 2그룹 동사의 가능형을 마스터한다.

 1그룹 동사의 가능형 익히기    2그룹 동사의 가능형 익히기

STEP 1 진짜✓ 일본어 준비물 체크하기

1그룹과 2그룹 동사의 가능형을 익혀서, 어떠한 일의 능력이나 가능성을 말해 봅시다.

1그룹 동사의 가능형
う단 ➡ え단 + る

동사의 가능형은 '~할 수 있다, ~하는 것이 가능하다'라는 뜻으로 어떠한 일의 능력이나 가능성을 말할 때 사용합니다. 1그룹 동사의 가능형은 동사의 끝 う단을 え단으로 바꾼 후 「る」를 붙입니다.

사전형	가능형	따라 써 보기
会う 만나다	会える 만날 수 있다	会える
待つ 기다리다	待てる 기다릴 수 있다	待てる
乗る 타다	乗れる 탈 수 있다	乗れる
死ぬ 죽다	死ねる 죽을 수 있다	死ねる
呼ぶ 부르다	呼べる 부를 수 있다	呼べる
読む 읽다	読める 읽을 수 있다	読める
書く 쓰다	書ける 쓸 수 있다	書ける
急ぐ 서두르다	急げる 서두를 수 있다	急げる

話す 이야기하다	話せる 이야기할 수 있다	話せる
走る 달리다 예외 1그룹!	走れる 달릴 수 있다	走れる
帰る 돌아가(오)다 예외 1그룹!	帰れる 돌아갈(올) 수 있다	帰れる

 **2그룹 동사의 가능형**
る ➡ られる

2그룹 동사의 가능형은 끝 「る」를 떼고 「られる」를 붙입니다.

사전형	가능형	따라 써 보기
見る 보다	見られる 볼 수 있다	見られる
いる 있다	いられる 있을 수 있다	いられる
起きる 일어나다	起きられる 일어날 수 있다	起きられる
着る 입다	着られる 입을 수 있다	着られる
食べる 먹다	食べられる 먹을 수 있다	食べられる
寝る 자다	寝られる 잘 수 있다	寝られる
入れる 넣다	入れられる 넣을 수 있다	入れられる
伝える 전하다	伝えられる 전할 수 있다	伝えられる

 가능형을 활용한 문장에서는 '~을/를'로 해석되더라도 조사 「を」가 아니라 「が」를 사용합니다.
예 日本語が書ける。 일본어를 쓸 수 있다.

쓰기 　 읽기 　 말하기

다음 어휘를 가능 표현으로 바꾸어 말하고 따라 써 봅시다.

스미스/일본어/이야기하다　　　スミス/日本語/話す

➡ 스미스는 일본어로 이야기할 수 있다.　　スミスは日本語で話せる。

시나가와역/리무진 버스/타다　　　品川駅/リムジンバス/乗る

➡ 시나가와역에서 리무진 버스를 탈 수 있다.　　品川駅でリムジンバスに乗れる。

마리아/낫토/먹다　　　マリア/納豆/食べる

➡ 마리아는 낫토를 먹을 수 있습니다.　　マリアは納豆が食べられます。

정답 개수 ☐ / 15

1 다음 빈칸에 알맞은 히라가나를 넣어 보세요.

❶ 待つ　—　待 ☐☐
　기다리다　　기다릴 수 있다

❷ 食べる　—　食 ☐☐☐
　먹다　　먹을 수 있다

❸ 読む　—　読 ☐☐
　읽다　　읽을 수 있다

2 다음 단어의 올바른 가능형의 읽는 법을 고르고, 밑줄에 뜻을 써 보세요.

❶ 帰る　　A かえれる　　B かえられる　　_____

❷ 呼ぶ　　A よべる　　B よべれる　　_____

❸ 入れる　　A いれれる　　B いれられる　　_____

3 다음 뜻에 알맞은 가능형을 연결해 보세요.

① 쓸 수 있다 •   • A 見られる

② 달릴 수 있다 •   • B 走れる

③ 잘 수 있다 •   • C 書ける

④ 볼 수 있다 •   • D 寝られる

4 다음 우리말에 맞게 알맞은 표현을 고르세요.

① 漢字 A を B が 書ける。
한자를 쓸 수 있다.

② 友だち A に B が 会える。
친구를 만날 수 있다.

③ 浴衣 A を B が 着られる。
유카타를 입을 수 있다.

JLPT N4 기출 유형 맛보기

5 다음 문장의 ★ 에 들어갈 것으로 가장 적당한 것을 1·2·3·4 에서 하나 고르세요.

① このトマトは ____ ★ ____ ____ 。 이 토마토는 빨개져서 이제 먹을 수 있다.

　1 赤く　　　2 食べられる　　　3 なって　　　4 もう

② トムさんは ____ ____ ★ ____ 。 톰 씨는 어려운 한자도 읽을 수 있다.

　1 読める　　　2 漢字　　　3 難しい　　　4 も

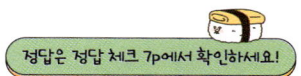
정답은 정답 체크 7p에서 확인하세요!

Day 27

학습 체크인 | DATE

日本語(にほんご)ができる。
일본어를 할 수 있다.

3그룹 동사의 가능형을 마스터한다.

👆 3그룹 동사의 가능형 익히기   ✌️ 동사의 가능형 총정리

STEP 1   일본어 준비물 체크하기

✈️ 3그룹 동사의 가능형을 익히고, 그룹별로 총정리를 해 봅시다.

☐ 체크리스트 3그룹 동사의 가능형
불규칙 활용

3그룹 동사의 가능형은 불규칙으로 활용되므로「来(こ)られる(올 수 있다)・できる(할 수 있다)」통째로 외워둡시다.

사전형	가능형	따라 써 보기
来(く)る 오다	来(こ)られる 올 수 있다	来られる
する 하다	できる 할 수 있다	できる

 일상생활 속에서 쓰이는 가능 표현의 예문을 살펴봅시다.

예) 明日(あした)のお誕生日(たんじょうび)パーティーに来(こ)られますか。
내일 생일 파티에 올 수 있어요?

テイクアウトができますか。
테이크아웃을 할 수 있나요?

 **체크리스트** 동사의 가능형 총정리

동사의 가능형 접속 방법을 그룹별로 정리해 봅시다.

그룹	가능형 접속 방법	예
1그룹	う단을 え단으로 바꾸고 る 연결	会う ➡ 会える 만날 수 있다 待つ ➡ 待てる 기다릴 수 있다 乗る ➡ 乗れる 탈 수 있다 死ぬ ➡ 死ねる 죽을 수 있다 呼ぶ ➡ 呼べる 부를 수 있다 読む ➡ 読める 읽을 수 있다 書く ➡ 書ける 쓸 수 있다 泳ぐ ➡ 泳げる 헤엄칠 수 있다 話す ➡ 話せる 이야기할 수 있다
2그룹	る 떼고 られる 연결	見る ➡ 見られる 볼 수 있다 食べる ➡ 食べられる 먹을 수 있다
3그룹	불규칙 활용	来る ➡ 来られる 올 수 있다 する ➡ できる 할 수 있다

 체크리스트 확인완료!

 **STEP 2** 신나자 **일본어 연습하기**

쓰기 / 읽기 / 말하기

 다음 어휘를 가능 표현으로 바꾸어 말하고 따라 써 봅시다.

편의점/잡지/사다 　　　　コンビニ/雑誌/買う

➡ 편의점에서 잡지를 살 수 있다. 　　コンビニで雑誌が買える。

료칸/온천/들어가다 　　　　旅館/おんせん/入る

➡ 료칸에서 온천도 들어갈 수 있습니다. 　旅館でおんせんも入れます。

일본어/메뉴/읽다 　　　　日本語/メニュー/読む

➡ 일본어 메뉴를 읽을 수 있습니까? 　　日本語のメニューが読めますか。

STEP 3  일본어 여행하기

정답 개수 ☐ / 15

1 다음 빈칸에 알맞은 히라가나를 넣어 보세요.

① 行く — 行☐☐
　가다　　　갈 수 있다

② 飲む — 飲☐☐
　마시다　　마실 수 있다

③ 来る — 来☐☐☐
　오다　　　올 수 있다

2 다음 단어의 올바른 가능형의 읽는 법을 고르고, 밑줄에 뜻을 써 보세요.

① する　　A できる　　B できれる　　_____

② 聞く　　A きける　　B きけられる　_____

③ いる　　A いれれる　　B いられる　　_____

3 다음 뜻에 알맞은 가능형을 연결해 보세요.

① 만들 수 있다 •　　　　• A 覚えられる

② 탈 수 있다 •　　　　　• B 買える

③ 살 수 있다 •　　　　　• C 乗れる

④ 외울 수 있다 •　　　　• D 作れる

4 다음 동사의 가능형 활용이 맞으면 ◯, 틀리면 X로 표시해 보세요.

① 考える 생각할 수 있다 ➡ (   )

② 休める 쉴 수 있다 ➡ (   )

③ 遊べる 놀 수 있다 ➡ (   )

JLPT N4 기출 유형 맛보기

5 다음 문장의 (   )에 들어갈 것으로 가장 적당한 것을 1·2·3·4 에서 하나 고르세요.

① A：もしもし、さくら図書館です。 여보세요. 사쿠라 도서관입니다.
　 B：すみませんが、雑誌も（　　　）か。 실례합니다만, 잡지도 빌릴 수 있나요?

1 借りられます　2 返せます　3 買えます　4 作られます

② 山田：中川くん、明日、約束ある？ 나카가와 군, 내일 약속 있어?
　 中川：午後なら大丈夫だよ。 오후라면 괜찮아.
　 山田：じゃ、明日のパーティーに（　　　）？ 그럼, 내일 파티에 올 수 있어?

1 出られる　2 帰れる　3 行ける　4 来られる

정답은 정답 체크 8p에서 확인하세요!

한 줄 여행 일본어

뜨거운 여름밤 현지 축제 거리에서 포장마차를 발견했다면? 아래 음식 꼭 먹어 보세요!

焼きそば 야끼소바(일본식 볶음면) | かき氷 빙수 | チョコバナナ 초코 바나나 | ベビーカステラ 베이비 카스텔라

A：メロン味のかき氷ください。 메론맛 빙수 주세요.

B：150円です。 150엔입니다.

Day 28

학습 체크인 | DATE

一人で運転ができる。
혼자서 운전을 할 수 있다.

능력과 가능을 나타내는 표현을 마스터한다.

 명사 활용하기    동사의 사전형 활용하기   동사의 가능형으로 표현하기

STEP 1 — 진짜 일본어 준비물 체크하기

다양한 가능 표현을 사용해 어떤 일의 능력이나 가능성을 말해 봅시다.

~ができる   ~을/를 할 수 있다
명사 + ができる

「~ができる(~을/를 할 수 있다)」는 명사 뒤에 「できる(할 수 있다)」를 붙여 명사의 가능성을 표현할 수 있습니다. 이때 명사 뒤에는 조사 「が」를 붙이고, '~을/를'이라고 해석합니다.

一人で運転ができる。	혼자서 운전을 할 수 있다.
私はベトナム語ができる。	나는 베트남어를 할 수 있다.
ここでは喫煙ができません。	이곳에서는 흡연을 할 수 없습니다.

단어
- 運転 운전
- ベトナム語 베트남어
- 喫煙 흡연

 「できる(할 수 있다)」의 정중 표현은 2그룹 동사처럼 활용합니다.
- **긍정** できます(할 수 있습니다) | できました(할 수 있었습니다)
- **부정** できません(할 수 없습니다) | できませんでした(할 수 없었습니다)

～ことができる　~을 할 수 있다, ~하는 것이 가능하다
동사의 사전형 + ことができる

동사의 사전형에「ことができる」를 붙이면 '~을 할 수 있다, ~하는 것이 가능하다' 라는 의미가 되며, 어떠한 일이 가능함을 표현할 수 있습니다.

最近オンラインで試験を受けることができる。
최근 온라인으로 시험을 보는 것이 가능하다.

ここでは雑誌を無料で借りることができます。
이곳에서는 잡지를 무료로 빌릴 수 있습니다.

この店ではWi-Fiを使うことができない。
이 가게에서는 와이파이를 사용할 수 없다.

단어
最近 최근, 요즘
オンライン 온라인
試験を受ける 시험을 보다
雑誌 잡지
無料 무료
借りる 빌리다
店 가게
Wi-Fi 와이파이
使う 사용하다

꿀팁!!
「ことができる」는 동사의 가능형과 바꿔 사용할 수 있습니다. 다만「ことができる」가 문장체에 가깝다면 동사의 가능형은 대화체의 뉘앙스가 있다는 점 알아두세요.

예) ビールが飲める。 맥주를 마실 수 있다. `동사의 가능형 활용`
ビールを飲むことができる。 맥주를 마실 수 있다. `동사의 사전형 활용`

～が + 가능형　~을/를 할 수 있다
명사 + が + 동사의 가능형

어떤 일의 능력이나 가능성을 말하고 싶을 때는 앞에서 배운「동사의 사전형+ことができる」표현과 동사의 사전형을 가능형으로 바꾸는 방법이 있습니다. 동사의 가능형으로 바꾸는 방법이 더 회화체에 가깝습니다. 가능형 문장에서는 조사「が」를 사용하고 '~을/를'이라고 해석합니다.

私は納豆が食べられる。　　나는 낫토를 먹을 수 있다.

祖母は日本語が読めます。　할머니는 일본어를 읽을 수 있습니다.

うちの子はまだ漢字が書けない。　우리 아이는 아직 한자를 쓸 수 없다.

단어
納豆 낫토
祖母 할머니
まだ 아직
漢字 한자

STEP 2 — 일본어 연습하기

☐ 쓰기 ☐ 읽기 ☐ 말하기

✈ 다음 어휘를 다양한 가능 표현을 활용하여 문장을 완성해 봅시다.

가게/직원/한국어 　　　　　店/スタッフ/韓国語

➡ 이 가게의 직원은 한국어를 할 수 있다. ✎ このみせのスタッフは韓国語ができる。

기모노/빌리다 　　　　　着物/借りる

➡ 기모노를 빌리는 것이 가능합니다. 　着物を借りることができます。

STEP 3 — 일본어 여행하기

정답 개수 ☐ / 15

1 다음 동사를 활용하여 알맞은 히라가나를 넣어 보세요.

① 作る (만들다) ➡ 卵やきを作 ☐☐☐ できる。
　계란말이를 만드는 것이 가능하다.

② 飲む (마시다) ➡ この店では日本酒 ☐ 飲 ☐☐ 。
　이 가게에서는 일본주를 마실 수 있다.

③ 乗る (타다) ➡ ジェットコースターに乗 ☐ ことが ☐☐☐ 。
　롤러코스터를 타는 것이 가능하다.

2 다음 어휘를 알맞은 뜻에 연결해 보세요.

① 雑誌 • 　　　　　• A 무료
② 喫煙 • 　　　　　• B 운전
③ 無料 • 　　　　　• C 흡연
④ 運転 • 　　　　　• D 잡지

3 다음을 읽고 틀린 곳을 고치세요.

① 図書館でパソコンを使える。　　　도서관에서 PC를 사용할 수 있다.

② まつりに参加することをできる。　　축제에 참가하는 것이 가능하다.

③ 北海道でスキーができられる。　　　홋카이도에서 스키를 탈 수 있다.

4 다음 그림에 맞춰 알맞은 히라가나를 넣어 보세요.

① カップヌードル作り体験 □□□□ 。
컵 누들 만들기 체험이 가능하다.

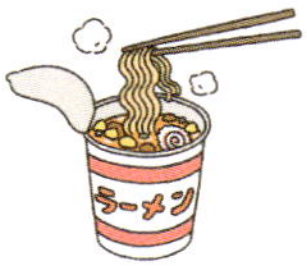

② 4月なら、目黒川で花見が □□□□ 。
4월이라면 메구로 강에서 꽃구경이 가능합니다.

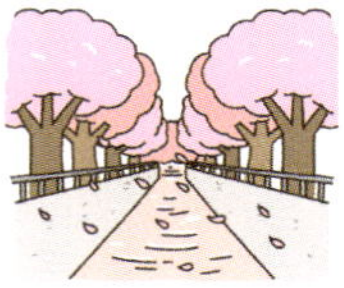

③ 二十歳未満の人はお酒を買う □□ ができ □□ 。
20세 미만인 사람은 술을 살 수 없다.

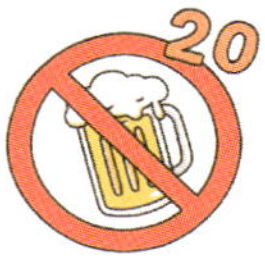

JLPT N3 기출 유형 맛보기

5 다음 문장의 ( )에 들어갈 것으로 가장 적당한 것을 1·2·3·4 에서 하나 고르세요.

① ホテルでタバコを吸う（　　　）できません。 호텔에서 담배를 피울 수 없습니다.

　1 ことに　　　2 ことが　　　3 ように　　　4 ようが

② カフェでだれでもWi-Fi（　　　）使える。 카페에서 누구나 와이파이를 사용할 수 있다.

　1 が　　　2 を　　　3 で　　　4 から

정답은 정답 체크 8p에서 확인하세요!

Day 29

학습 체크인 | DATE ○ ○

野菜も食べるようにする。
채소도 먹도록 할게.

노력과 변화를 나타내는 표현을 마스터한다.

 노력과 의지 말하기   상황과 능력의 변화 말하기

STEP 1 일본어 준비물 체크하기

 노력과 변화를 나타내는 표현을 익히고, 현재 자신의 상황을 말해 봅시다.

～ようにする ~하도록 하다
동사의 사전형/동사의 ない형 + ようにする

「～ようにする(~하도록 하다)」는 어떤 목적을 달성하기 위해서 노력하는 것을 말합니다. 동사의 사전형과 ない형에 접속할 수 있으며, ない형에 접속하면 '~하지 않도록 하다'라는 의미가 됩니다.

これから野菜も食べるようにする。   앞으로 채소도 먹도록 할게.
できるだけ早く着くようにします。   되도록 빨리 도착하도록 하겠습니다.
あまり無理しないようにしています。   그다지 무리하지 않도록 하고 있습니다.

단어
これから 앞으로
野菜 채소
できるだけ 되도록
着く 도착하다
あまり 그다지, 별로
無理する 무리하다

 「～ようにしている(~하도록 노력하고 있다)・～ないようにしている (~하지 않도록 노력하고 있다)」처럼 ている를 사용하면 목적을 달성하기 위해 지속적으로 노력하고 있는 것, 즉 습관을 나타냅니다.

 **～ようになる ~하게 되다**
동사의 사전형/동사의 가능형 + ようになる

「～ようになる(~하게 되다)」는 상황이나 능력의 변화를 나타내는 표현으로, 예전에는 불가능했던 것이 가능하게 되었다고 말하고 싶을 때 사용합니다. 동사의 사전형과 가능형에 접속하며, 가능형의 경우에는 '~할 수 있게 되다'라는 의미가 됩니다.

단어
大学生 대학생
自分で 스스로
弁当 도시락
作る 만들다
一人で 혼자서
自転車 자전거
ピアノがひける 피아노를 칠 수 있다
上手だ 잘하다

大学生になって、自分で弁当を作るようになった。
대학생이 되고 스스로 도시락을 만들게 되었다.

一人で自転車に乗れるようになった。
혼자서 자전거를 탈 수 있게 되었다.

ピアノが上手にひけるようになりました。
피아노를 잘 치게 되었습니다.

STEP 2 신자가 일본어 연습하기

쓰기 읽기 말하기

다음 어휘를 노력과 변화를 나타내는 문장으로 완성해 봅시다.

씻다/온천/들어가다　　　　　　　洗う/おんせん/入る
➡ 씻고 나서 온천에 들어가도록 한다.　洗ってからおんせんに入るようにする。

역 이름/읽다　　　　　　　　　駅名/読む
➡ 역 이름을 읽을 수 있게 되었다.　駅名が読めるようになった。

내일/조식/먹다　　　　　　　明日/朝食/食べる
➡ 내일 조식은 먹도록 하겠습니다.　明日の朝食は食べるようにします。

일본 요리/만들다　　　　　　　日本料理/作る
➡ 일본 요리를 만들 수 있게 되었습니다.　日本料理が作れるようになりました。

STEP 3  일본어 여행하기

정답 개수 ☐ / 15

1 다음 동사를 보고 우리말 의미에 맞게 바꿔 보세요.

① 話(はな)す — _____ — _____
  이야기하다   이야기하도록 하다   이야기하게 되다

② 歩(ある)く — _____ — _____
  걷다   걷도록 하다   걷게 되다

③ 急(いそ)ぐ — _____ — _____
  서두르다   서두르도록 하다   서두르게 되다

2 다음을 어휘를 알맞은 뜻에 연결해 보세요.

① 弁当(べんとう) •   • A 무리하다
② 無理(むり)する •   • B 도시락
③ 自転車(じてんしゃ) •   • C 도착하다
④ 着(つ)く •   • D 자전거

3 다음 우리말에 맞게 알맞은 표현을 고르세요.

① 電車(でんしゃ)の中(なか)で電話(でんわ)をしない A ようにする   B ようになる 。
  전철 안에서 전화를 하지 않도록 하다.

② 日本語(にほんご)で手紙(てがみ)を書(か)ける A ようにした   B ようになった 。
  일본어로 편지를 쓸 수 있게 되었다.

③ 本(ほん)を読(よ)む時(とき)、メガネをかける A ようにしました   B ようになりました 。
  책을 읽을 때 안경을 쓰게 되었습니다.

4 다음을 읽고 틀린 곳을 고치세요.

① 夜遅くまでテレビを見ないようとなる。　밤늦게까지 TV를 보지 않도록 하다.

② コンビニでチケットが買えようになった。　편의점에서 티켓을 살 수 있게 되었다.

③ 毎朝ジョギングしたようにする。　매일 아침 조깅하도록 하다.

JLPT N3 기출 유형 맛보기

5 다음 문장의 (　)에 들어갈 것으로 가장 적당한 것을 1·2·3·4 에서 하나 고르세요.

① 父になってからタバコを (　　)。 아빠가 되고 나서 담배를 피우지 않게 되었다.

1 吸わないことになった　　2 吸わないようになった

3 吸わないようにした　　4 吸わないことにした

② かさを忘れない (　　) ください。 우산을 잊지 않도록 해 주세요.

1 ようになって　　2 ことになって

3 ようにして　　4 ことにして

정답은 정답 체크 8p에서 확인하세요!

현지에서 결제할 일이 생겼을 때 도움되는 어휘, 지금 바로 체크하고 자신 있게 쇼핑해 보세요!

現金 현금 ｜ クレジットカード 신용카드 ｜ 一回払い 일시불 ｜ 分割払い 할부 ｜ 免税 면세

A : クレジットカードは使えますか。 신용카드를 사용할 수 있나요?
B : お支払いは現金のみです。 결제는 현금만 가능합니다.

Day 30

早(はや)く起(お)きろ。
일찍 일어나라.

학습 체크인 | DATE

1그룹 동사와 2그룹 동사의 명령형을 마스터한다.

- 1그룹 동사의 명령형 익히기
- 2그룹 동사의 명령형 익히기

STEP 1 진짜자 일본어 준비물 체크하기

✈ 동사의 명령형을 배워서 상대에게 의뢰나 조언 등을 말해 봅시다.

1그룹 동사의 명령형
う단 ➡ え단

동사의 명령형은 '~해라'로 해석됩니다. 강한 명령 표현으로 타인에게 강요하는 인상을 주기 때문에 대체로 손윗사람이 손아랫사람에게 사용합니다. 1그룹 동사의 명령형은 동사의 끝 う단을 え단으로 바꿉니다.

사전형	명령형	따라 써 보기
会(あ)う 만나다	会(あ)え 만나라	会え
待(ま)つ 기다리다	待(ま)て 기다려라	待て
乗(の)る 타다	乗(の)れ 타라	乗れ
死(し)ぬ 죽다	死(し)ね 죽어라	死ね
呼(よ)ぶ 부르다	呼(よ)べ 불러라	呼べ
読(よ)む 읽다	読(よ)め 읽어라	読め
書(か)く 쓰다	書(か)け 써라	書け
泳(およ)ぐ 헤엄치다	泳(およ)げ 헤엄쳐라	泳げ

사전형	명령형	따라 써 보기
話す 이야기하다	話せ 이야기해라	話せ
走る 달리다 예외1그룹!	走れ 달려라	走れ
帰る 돌아가(오)다 예외1그룹!	帰れ 돌아가(와)라	帰れ

 체크리스트 — 2그룹 동사의 명령형
る ➡ ろ

2그룹 동사의 명령형은 끝 「る」를 떼고 「ろ」를 붙입니다.

사전형	명령형	따라 써 보기
見る 보다	見ろ 봐라	見ろ
いる 있다	いろ 있어라	いろ
起きる 일어나다	起きろ 일어나라	起きろ
着る 입다	着ろ 입어라	着ろ
食べる 먹다	食べろ 먹어라	食べろ
寝る 자다	寝ろ 자라	寝ろ
入れる 넣다	入れろ 넣어라	入れろ
伝える 전하다	伝えろ 전해라	伝えろ

 체크리스트 확인 완료!

STEP 2 진짜 일본어 연습하기

쓰기 읽기 말하기

 다음 어휘를 활용하여 명령하는 문장을 완성해 봅시다.

일찍/일어나다　　　　　　　　早く/起きる

➡ 일찍 일어나라.　　　　　　早く起きろ。

이름/연필/쓰다　　　　　　　名前/えんぴつ/書く

➡ 이름은 연필로 써라.　　　　名前はえんぴつで書け。

STEP 3  일본어 여행하기

정답 개수 ☐ / 15

1 다음 빈칸에 알맞은 히라가나를 넣어 보세요.

① 待つ — 待☐
   기다리다   기다려라

② 起きる — 起☐☐
   일어나다   일어나라

③ 見る — 見☐
   보다   봐라

2 다음 뜻에 알맞은 명령형을 연결해 보세요.

① 입어라 •   • A 乗れ

② 써라 •   • B 書け

③ 타라 •   • C 食べろ

④ 먹어라 •   • D 着ろ

3 다음 동사의 명령형 활용이 맞으면 〇, 틀리면 X로 표시해 보세요.

① 読め 읽어라 ➡ ( )

② 寝ろ 자라 ➡ ( )

③ 帰ろ 돌아가라 ➡ ( )

4 다음 그림에 맞춰 명령형을 활용하여 문장을 만들어 보세요.

① 勉強をがんばる 공부를 열심히 하다
_____。
공부를 열심히 해라.

② 部屋を片づける 방을 정리하다
_____。
방을 정리해라.

③ 歌を歌う 노래를 부르다
_____。
노래를 불러라.

JLPT N3 기출 유형 맛보기

5 다음 문장의 (　)에 들어갈 것으로 가장 적당한 것을 1·2·3·4 에서 하나 고르세요.

① A : 明日、試合があるよ。 내일 시합이 있어.
　B : 本当？最後まで(　　　)！ 정말? 마지막까지 힘내라!

1 がんばる　　2 がんばろ　　3 がんばろう　　4 がんばれ

② もう12時だよ。早く(　　　)！ 벌써 12시야. 빨리 자라!

1 寝ろ　　2 寝られる　　3 寝ている　　4 寝た

정답은 정답 체크 8p에서 확인하세요!

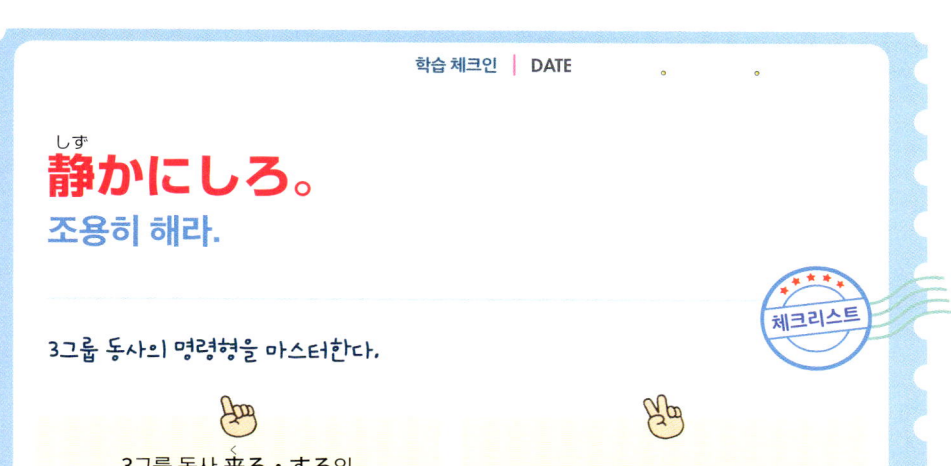

Day 31

静(しず)かにしろ。
조용히 해라.

3그룹 동사의 명령형을 마스터한다.

- 3그룹 동사 来る・する의 명령형 익히기
- 동사의 명령형 총정리

STEP 1 — 진짜 일본어 준비물 체크하기

✈ 명령의 의미를 이해하고 동사를 명령형으로 바꾸는 방법을 마스터해 봅시다.

☐ 체크리스트 — 3그룹 동사의 명령형
불규칙 활용

3그룹 동사의 명령형은 불규칙으로 활용되므로「来(こ)い(와라)・しろ(해라)」통째로 외워 상대방에게 말해 봅시다.

사전형	명령형	따라 써 보기
来(く)る 오다	来(こ)い 와라	来い
する 하다	しろ 해라	しろ

일상생활 속에서 쓰이는 명령형 활용 예문을 살펴봅시다.

예 買(か)い物(もの)に行(い)って来(こ)い。
장 보러 갔다 와라.

授業中(じゅぎょうちゅう)にはしずかにしろ。
수업 중에는 조용히 해라.

 **체크리스트** 동사의 명령형 총정리

동사의 명령형 접속 방법을 그룹별로 구분하여 정리해 봅시다.

그룹	명령형 접속 방법	예
1그룹	う단을 え단으로 변경	会う ➡ 会え 만나라 待つ ➡ 待て 기다려라 乗る ➡ 乗れ 타라 死ぬ ➡ 死ね 죽어라 呼ぶ ➡ 呼べ 불러라 読む ➡ 読め 읽어라 書く ➡ 書け 써라 泳ぐ ➡ 泳げ 헤엄쳐라 話す ➡ 話せ 이야기해라
2그룹	る 떼고 ろ 연결	見る ➡ 見ろ 봐라 食べる ➡ 食べろ 먹어라
3그룹	불규칙 활용	来る ➡ 来い 와라 する ➡ しろ 해라

 체크리스트 확인 완료!

STEP 2 진짜자 일본어 연습하기

쓰기　읽기　말하기

 다음 어휘를 활용하여 명령을 나타내는 문장을 완성해 봅시다.

역 앞/기다리다　　　　　駅前/待つ

 역 앞에서 기다려라.　　駅前で待て。

접시/갖고 오다　　　　　皿/持って来る

➡ 접시 갖고 와라.　　　皿を持って来い。

좋아하다/하다　　　　　好きだ/する

➡ 좋을 대로 해라.　　　好きにしろ。

STEP 3  일본어 여행하기

정답 개수 ☐ / 15

1 다음 빈칸에 알맞은 히라가나를 넣어 보세요.

① 来る — 来☐
  오다   와라

② 洗う — 洗☐
  씻다   씻어라

③ 覚える — 覚☐☐
  외우다   외워라

2 다음 뜻에 알맞은 명령형을 연결해 보세요.

① 이야기해라 •   • A 話せ

② 서둘러라 •   • B 閉めろ

③ 일어나라 •   • C 急げ

④ 닫아라 •   • D 起きろ

3 다음을 읽고 틀린 곳을 고치세요.

① 金を出せろ。   돈을 내놔라.

② お酒をやめれ。   술을 끊어라.

③ 静かにすれ。   조용히 해라.

4 다음 단어의 올바른 명령형의 읽는 법을 고르고, 밑줄에 뜻을 써 보세요.

① 調べる　　A しらべ　　B しらべろ　　_____

② 歩く　　　A あるけ　　B あるけろ　　_____

③ 切る　　　A きれ　　　B きろ　　　　_____

JLPT N3 기출 유형 맛보기

5 다음 문장의 (　　)에 들어갈 것으로 가장 적당한 것을 1·2·3·4에서 하나 고르세요.

① 部長：今、どこ？ 早く(　　　　)。 지금 어디야? 빨리 와라.
　 社員：すみません。すぐに行きます。 죄송합니다. 바로 가겠습니다.

　1 来る　　　2 来い　　　3 来た　　　4 来よう

② 自分の部屋は自分でそうじ(　　　　)。 자기 방은 자기가 청소해라.

　1 しろ　　　2 しよ　　　3 しれ　　　4 しろう

정답은 정답 체크 8p에서 확인하세요!

한 줄 여행 일본어

현지 여행에서 꼭 한 번은 방문하게 되는 '편의점(コンビニ)', 일본에는 약 6만여 개의 편의점이 있을 정도로 현지 사람들에게는 없어서는 안 될 존재인데요. 전국 매장 수로 봤을 때 セブン・イレブン(세븐 일레븐), ファミリーマート(패밀리 마트/ファミマ라고 줄여서 부르기도 해요), ローソン(로손), ミニストップ(미니스톱) 순으로 많다고 해요.

현지 거리를 걸으면서 편의점이 몇 개나 있는지 세어 보세요!

Day 32

手を洗いなさい。
손을 씻으렴.

학습 체크인 | DATE

지시와 금지를 나타내는 표현을 마스터한다.

 부드러운 지시로 명령하기

 강한 금지로 명령하기

STEP 1 — 일본어 준비물 체크하기

 부드러운 명령 표현과 강한 금지 표현을 익혀서 잘 듣고 행동해 봅시다.

～なさい ~하렴, ~하시오
동사의 ます형 + なさい

「～なさい(~하렴, ~하시오)」는 동사의 ます형에 접속하며, 부드러운 명령 표현 중 하나입니다. 주로 부모와 자식, 선생님과 학생 등의 관계나 시험의 지시문 등에서 사용됩니다.

テレビは宿題をしてから見なさい。 TV는 숙제를 하고 나서 보렴.
図書館では静かにしなさい。 도서관에서는 조용히 하세요.
食べる前に手を洗いなさい。 먹기 전에 손을 씻으렴.

단어
宿題 숙제
図書館 도서관
静かだ 조용하다
洗う 씻다

 「ごめんなさい」(미안합니다) 「おやすみなさい」(안녕히 주무세요)에서의 「なさい」는 현대에 들어서 명령의 의미는 사라지고 인사 표현으로 사용되고 있습니다.

 **～な　～하지 마, ～하지 마라**
동사의 사전형 + な

「～な(～하지 마, ～하지 마라)」는 동사의 사전형에 접속하며, 다른 사람에게 무언가를 강하게 금지시킬 때 사용하는 명령 표현입니다.

단어
芝生 잔디밭
入る 들어가(오)다
まだ 아직
あきらめる 포기하다
あぶない 위험하다
触る 만지다

芝生に入るな。　　　　　　　　잔디밭에 들어가지 마라.

まだあきらめるな。　　　　　　아직 포기하지 마.

あぶないから触るな。　　　　　위험하니까 만지지 마.

STEP 2　일본어 연습하기

쓰기　읽기　말하기

다음 어휘를 지시와 금지를 나타내는 표현의 문장으로 완성해 봅시다.

일찍/일어나다　　　　　　　　　　早く/起きる

➡ 일찍 일어나렴.　　　　　　　　早く起きなさい。

여기/차/세우다　　　　　　　　　ここ/車/止める

➡ 여기에 차를 세우지 마.　　　　ここに車を止めるな。

사진/찍다　　　　　　　　　　　写真/撮る

➡ 사진을 찍지 마라.　　　　　　写真を撮るな。

수업 중/자다　　　　　　　　　　授業中/寝る

➡ 수업 중에 자지 마라.　　　　　授業中に寝るな。

STEP 3 일본어 여행하기   정답 개수 ☐ / 15

1 다음 동사를 보고 우리말 의미에 맞게 바꿔 보세요.

① する — —
　하다　　　　　　　　하렴　　　　　　　　하지 마

② 見る — —
　보다　　　　　　　　보렴　　　　　　　　보지 마

③ 書く — —
　쓰다　　　　　　　　쓰렴　　　　　　　　쓰지 마

④ 入る — —
　들어가다　　　　　　들어가렴　　　　　　들어가지 마

2 다음 우리말에 맞게 알맞은 표현을 고르세요.

① 質問を聞いて　A 答えなさい　B 答えるな 。
　질문을 듣고 답하시오.

② 教室の中で　A 走りなさい　B 走るな 。
　교실 안에서 뛰지 마라.

③ よく考えてから　A 言いなさい　B 言うな 。
　잘 생각하고 나서 말하세요.

3 다음을 읽고 틀린 곳을 고치세요.

① 野菜も食べてなさい。　　　　야채도 먹으렴.

② タバコを吸いな。　　　　　　담배를 피우지 마.

③ 早く起かなさい。　　　　　　빨리 일어나렴.

3

4 다음을 읽고 보기를 활용하여 대화를 완성해 보세요.

보기   そうじする 청소하다 ｜ 飲む 마시다 ｜ 話す 이야기하다

1. 部屋を ① _____ 。
   방을 청소하렴.

   宿題をしてからします。
   숙제를 하고 나서 할게요.

2. お酒をたくさん ② _____ 。
   술을 많이 마시지 마라.

   はい、気をつけます。
   네, 주의할게요.

3. 悩みがあるなら、先生に ③ _____ 。
   고민이 있다면 선생님께 얘기하세요.

   はい、ありがとうございます。
   네, 감사합니다.

JLPT N3 기출 유형 맛보기

5 다음 문장의 ★ 에 들어갈 것으로 가장 적당한 것을 1·2·3·4 에서 하나 고르세요.

① 授業中に ____ ★ ____ ____ 。 수업 중에 옆 사람과 이야기하지 마라.

  1 人   2 話すな   3 隣の   4 と

② みなさん、____ ____ ★ ____ 。 여러분, 쓰레기는 교실 쓰레기통에 버리세요.

  1 捨てなさい   2 ゴミは   3 ゴミ箱に   4 教室の

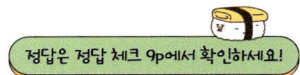
정답은 정답 체크 9p에서 확인하세요!

Day 33

학습 체크인 | DATE . .

約束を守ること。
약속을 지킬 것.

규칙과 충고를 나타내는 표현을 마스터한다.

☝ 규칙을 지시하는 표현 익히기   ✌ 충고와 주의를 지시하는 표현 익히기

STEP 1 _진짜_ 일본어 준비물 체크하기

✈ 지시나 규칙 표현, 충고 표현을 이해하고 행동해 봅시다.

체크리스트 ~こと ~할 것
동사의 사전형/동사의 ない형 + こと

「~こと(~할 것)」는 문장 끝에 쓰여, 학교 등 단체에서 지시나 규칙 등을 전달할 때 사용하는 표현입니다. 동사의 사전형과 ない형에 접속하며, ない형에 접속할 경우 '~하지 말 것'이라는 의미가 됩니다.

단어
- 必ず 반드시
- 予約する 예약하다
- 約束 약속
- 守る 지키다
- 廊下 복도
- 走る 뛰다, 달리다

使う前に必ず予約すること。   사용하기 전에 반드시 예약할 것.
約束は守ること。   약속은 지킬 것.
廊下では走らないこと。   복도에서는 뛰지 말 것.

 **～ように　～하도록**
동사의 사전형/ 동사의 ない형 + ように

「～ように(～하도록)」는 상대에게 조언이나 주의를 줄 때 사용하는 충고 표현입니다. 동사의 사전형과 ない형에 접속하며, ない형에 접속할 경우 '~하지 않도록'이라는 뜻이 됩니다.

단어

ルール	규칙, 룰
守る	지키다
遅れる	늦다
注意する	주의하다
忘れる	잊다
毎日	매일
復習	복습

会社のルールを守るようにしましょう。　회사의 규칙을 지키도록 합시다.

遅れないように注意しましょう。　늦지 않도록 주의합시다.

忘れないように毎日復習してください。　잊지 않도록 매일 복습해 주세요.

「ように」는 충고 표현 이외에 소원과 목적 달성을 나타내는 표현으로도 쓸 수 있습니다. 목적 달성의 의미로 쓰일 경우에는 동사 가능형에 접속하고, 소원이나 기원을 말하고자 할 때는 「～ますように(~하기를)」를 사용합니다.

예) JLPTに合格できるように頑張りましょう。 JLPT에 합격할 수 있도록 노력합시다.
明日いい天気になりますように。 내일 날씨가 좋기를!

STEP 2 일본어 연습하기

쓰기　읽기　말하기

 다음 어휘를 규칙과 충고를 나타내는 표현의 문장으로 완성해 봅시다.

여권/잊다　　　　　　　　　　パスポート/忘れる
➡ 여권을 잊지 말 것.　　　　　パスポートを忘れないこと。

2시간 전/공항/도착하다　　　　2時間前/空港/着く
➡ 2시간 전에 공항에 도착할 것.　2時間前に空港に着くこと。

체크인/늦다　　　　　　　　　チェックイン/遅れる
➡ 체크인에 늦지 않도록 하세요.　チェックインに遅れないようにしなさい。

STEP 3  일본어 여행하기

정답 개수 ☐ / 15

1 다음 어휘를 올바르게 읽은 것을 고르세요.

① 予約 예약   A ようやく   B よやく

② 廊下 복도   A ろうか   B ろか

③ 注意 주의   A じゅうい   B ちゅうい

2 다음 동사를 알맞은 뜻에 연결해 보세요.

① 守る ・   ・ A 달리다

② 遅れる ・   ・ B 주의하다

③ 注意する ・   ・ C 지키다

④ 走る ・   ・ D 늦다

3 다음 빈칸에 알맞은 히라가나를 넣어 보세요.

① 道にゴミを捨てない ☐☐ 。
   길에 쓰레기를 버리지 말 것.

② 外国人でもわかる ☐☐☐ やさしい日本語を使う。
   외국인도 알 수 있도록 쉬운 일본어를 쓴다.

③ 忘れない ☐☐☐ メモをします。
   잊지 않도록 메모를 합니다.

④ 来られない時は先生に連絡する ☐☐ 。
   올 수 없을 때는 선생님한테 연락할 것.

4 다음 그림에 맞춰 보기를 활용하여 문장을 만들어 보세요.

보기 まよう 헤매다 ┃ チェックアウトする 체크아웃하다

① 道に _____ Googleマップを使う。
길을 헤매지 않도록 구글맵을 사용한다.

② 朝11時に _____ 。
아침 11시에 체크아웃할 것.

JLPT N3 기출 유형 맛보기

5 다음 문장의 (　)에 들어갈 것으로 가장 적당한 것을 1·2·3·4 에서 하나 고르세요.

① 明日9時に学校の前で(　　)こと。 내일 9시에 학교 앞에서 모일 것.

1 集まって　　2 集まり　　3 集まった　　4 集まる

② 寝坊(　　)ように目覚まし時計をセットした。
늦잠자지 않도록 알람 시계를 설정했다.

1 した　　2 する　　3 しない　　4 し

정답은 정답 체크 9p에서 확인하세요!

Day 34

外は寒いから出ないほうがいい。
밖은 추우니까 안 나가는 게 좋아.

학습 체크인 | DATE

원인과 이유를 나타내는 표현을 마스터한다.

 주관적인 원인과 이유 나타내기

 객관적인 원인과 이유 나타내기

 격식을 갖춰서 원인과 이유 표현하기

STEP 1  일본어 준비물 체크하기

다양한 원인과 이유 표현을 익혀서, 어떠한 사건의 원인과 이유를 자유롭게 말해 봅시다.

 **～から** ～때문에, ～(이)니까, ～라서

동사의 보통형
い형용사 い
な형용사 だ
명사 だ
＋ から

「～から(～때문에)」는 원인이나 이유 등을 주관적으로 판단하여 전달할 때 사용하며, 문장체보다는 캐주얼한 상황에서 회화체로 주로 사용하는 특징이 있습니다.

단어
安心する 안심하다
寒い 춥다
親切だ 친절하다
人気 인기

私が行くから安心して。 　　　　내가 갈 테니까 안심해.

外は寒いから出ないほうがいい。　밖은 추우니까 안 나가는 게 좋아.

彼は親切だから人気があります。　그는 친절해서 인기가 있습니다.

～ので　～때문에, ~라서

동사의 보통형
い형용사 い
な형용사 だな
명사 な
+ ので

「～ので(~때문에)」는 문장체와 회화체 모두 사용할 수 있으며, 주관적인 이유를 나타내는 から와 달리 객관적인 이유나 상황을 나타낼 때 사용합니다. 직설적인 느낌을 주는 から보다 조금 더 공손하고 부드러운 느낌을 줍니다.

今日は娘の誕生日なので、ケーキを買います。
오늘은 딸의 생일이어서 케이크를 삽니다.

朝寝坊をしたので、学校に遅刻しました。
늦잠을 자서 학교에 지각했습니다.

風邪をひいたので、会社を休みました。
감기에 걸렸기 때문에 회사를 쉬었습니다.

단어
娘 딸
誕生日 생일
朝寝坊 늦잠
遅刻する 지각하다
風邪をひく 감기에 걸리다

～ために　~때문에, ~라서, ~로 인해

동사의 보통형
い형용사 い
な형용사 だな
명사 の
+ ため(に)

「～ために(~때문에)」는 から・ので와 마찬가지로 원인과 이유를 나타내지만 주로 문장체로 쓰이기 때문에 뉴스에 자주 등장하며 메일을 보낼 때에도 많이 사용됩니다.

雨が降ったため、試合は中止になりました。　비가 와서 시합은 중지되었습니다.
熱がひどいため、学校に行けませんでした。　열이 심해서 학교에 가지 못했습니다.
事故のため、電車が遅れています。　사고로 인해 전철이 늦어지고 있습니다.

단어
試合 시합
中止 중지
熱 열
ひどい 심하다
事故 사고
遅れる 늦다

「～ために」는 '~(을) 위해서'라는 목적의 의미를 나타내기도 합니다.
명사+の, 동사는 사전형에 접속합니다.

예　旅行に行くために、バイトをしている。
　　여행을 가기 위해서 아르바이트를 하고 있다.

 **STEP 2 일본어 연습하기**

쓰기 ☐ 읽기 ☐ 말하기 ☐

 다음 어휘를 원인과 이유를 나타내는 표현의 문장으로 완성해 봅시다.

방/후지산/보이다/인기   ルーム/富士山/見える/人気

➡ 방에서 후지산이 보여서 인기가 있다.   ✏ ルームから富士山が見えるので人気がある。

지진/전화/사용하다   地震/電話/使う

➡ 지진 때문에 전화를 사용할 수 없었습니다.   地震のため、電話が使えませんでした。

 **STEP 3 일본어 여행하기**

정답 개수 ☐ / 15

[1] 다음 빈칸에 알맞은 히라가나를 넣어 보세요.

① 今日休みだ ☐☐ 遊びに行きましょう。
   오늘 쉬는 날이니까 놀러 갑시다.

② 工事中の ☐☐ この道は通れません。
   공사 중이기 때문에 이 길은 지나갈 수 없습니다.

③ パソコンが壊れた ☐☐ 新しいのを買った。
   PC가 고장 나서 새로운 것을 샀다.

④ この店は有名な ☐☐ 週末は並びます。
   이 가게는 유명하기 때문에 주말에는 줄 섭니다.

[2] 다음을 읽고 틀린 곳을 고치세요.

① 学生のでお酒が飲めない。   학생이기 때문에 술을 마실 수 없다.

② 学校は駅から近いだから便利だ。   학교는 역에서 가까워서 편리하다.

③ 台風ため旅行に行けなかった。   태풍으로 인해 여행을 갈 수 없었다.

3 다음 우리말에 맞게 알맞은 표현을 고르세요.

① バイトがある　A から　　B のため　会えない。
아르바이트가 있어서 만날 수 없다.

② 冬　A なので　　B ために　コートを着たほうがいい。
겨울이기 때문에 코트를 입는 편이 좋다.

③ 野菜がきらい　A なから　　B なので　サラダは食べない。
채소를 싫어하기 때문에 샐러드는 먹지 않는다.

4 다음 어휘를 알맞은 뜻에 연결해 보세요.

① 娘　　　　•　　　　　　• A 중지

② 朝寝坊　•　　　　　　• B 늦잠

③ 中止　　•　　　　　　• C 딸

JLPT N3 기출 유형 맛보기

5 다음 문장의 ★ 에 들어갈 것으로 가장 적당한 것을 1·2·3·4 에서 하나 고르세요.

① お腹が ＿＿ ★ ＿＿ ＿＿ 行こう。 배가 고프니까 밥을 먹으러 가자.

1 から　　2 食べに　　3 すいた　　4 ご飯を

② 私は ＿＿ ＿＿ ★ ＿＿ ある。 나는 열심히 했기 때문에 합격할 자신이 있다.

1 合格する　　2 自信が　　3 がんばった　　4 ので

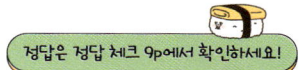
정답은 정답 체크 9p에서 확인하세요!

Day 35

春_{はる}なのに雪_{ゆき}が降_ふっている。
봄인데 눈이 내리고 있다.

역접을 나타내는 표현을 마스터한다.

👆 반대되는 내용 말하기   ✌️ 예상과 다른 내용 말하기

STEP 1 — 진짜 일본어 준비물 체크하기

✈️ 예상과 다른 결과를 나타내는 역접 표현을 익혀, 반대되는 상황을 자유롭게 말해 봅시다.

~が ~이지만, ~입니다만

동사의 보통형/정중형
い형용사 い/정중형
な형용사 だ/정중형
명사 だ/정중형
+ が

「~が(~이지만, ~입니다만)」는 반대되는 의미나 대립하는 의미의 문장을 연결할 때 사용하는 표현입니다.

ひらがなは読_よめる**が**、漢字_{かんじ}は読_よめない。
히라가나는 읽을 수 있지만 한자는 못 읽는다.

彼女_{かのじょ}はやさしい**が**、時々_{ときどき}きびしい。
그녀는 상냥하지만 때때로 엄격하다.

魚_{さかな}は好_すきです**が**、肉_{にく}はきらいです。
생선은 좋아하지만 고기는 싫어합니다.

단어
漢字_{かんじ} 한자
やさしい 상냥하다
時々_{ときどき} 때때로
きびしい 엄격하다
魚_{さかな} 물고기, 생선
好_すきだ 좋아하다
肉_{にく} 고기
きらいだ 싫어하다

～のに ~인데

동사의 보통형
い형용사 い
な형용사 だ な
명사 な
+ のに

「～のに(~인데)」는 예상했던 것과 다른 결과가 나타날 때 사용하는 표현입니다. 말하는 사람의 유감스러운 기분을 나타내는 경우가 많습니다.

단어
春 봄
上手だ 잘하다
下手だ 못하다
英語 영어

春なのに雪が降っている。　　봄인데 눈이 내리고 있다.

待ったのに彼女は来なかった。　기다렸는데 그녀는 오지 않았다.

日本語は上手なのに、英語は下手だ。　일본어는 잘하는데 영어는 잘 못한다.

> 「～のに(~인데)」는 사물의 용도나 목적을 나타낼 때도 사용할 수 있습니다.
> 예) このナイフはパンを切るのに便利です。 이 칼은 빵을 자르는 데 편리합니다.
>   ここから空港に行くのに1時間かかる。 여기에서 공항에 가는 데 1시간 걸린다.

STEP 2 일본어 연습하기

쓰기　읽기　말하기

 다음 어휘를 활용하여 반대되는 상황을 나타내는 문장으로 완성해 봅시다.

고베 소고기/유명하다/먹다　　　神戸牛/有名だ/食べる

➡ 고베 소고기가 유명하지만 먹은 적이 없다.　　神戸牛が有名だが、食べたことがない。

도쿄/가 보다/교토　　　東京/行ってみる/京都

➡ 도쿄는 가 봤지만 교토는 간 적이 없다.　　東京は行ってみたが、京都は行ったことがない。

도쿄돔/가다/야구 시합　　　東京ドーム/行く/野球の試合

➡ 도쿄돔에 갔는데 야구 시합은 없었다.　　東京ドームに行ったのに野球の試合はなかった。

STEP 3  일본어 여행하기

정답 개수 ☐ / 15

1 다음 우리말에 맞게 알맞은 표현을 고르세요.

① 彼は歌手 A が B なのに 歌が下手です。
그는 가수인데 노래를 못합니다.

② なっとうはきらいだ A が B なのに すしは好きだ。
낫토는 싫어하지만 초밥은 좋아한다.

③ ホテルは予約しました A が B なのに 飛行機はまだです。
호텔은 예약했지만 비행기는 아직입니다.

2 다음 어휘를 알맞은 뜻에 연결해 보세요.

① 時々 •   • A 엄격하다

② きびしい •   • B 물고기

③ 魚 •   • C 싫어하다

④ きらいだ •   • D 때때로

3 다음 빈칸에 알맞은 히라가나를 넣어 보세요.

① このルームは静かです ☐ せまいです。
이 방은 조용하지만 좁습니다.

② エアコンをつけた ☐☐ まだ暑い。
에어컨을 켰는데 아직도 덥다.

③ 雨 ☐☐☐ マラソンを走りました。
비가 오는데 마라톤을 뛰었습니다.

④ 勉強をがんばった ☐ 合格できなかった。
공부를 열심히 했지만 합격하지 못했다.

4 다음을 읽고 보기를 활용하여 빈칸을 채워 보세요.

보기: が | のに

① 彼は日本人な＿＿＿＿＿書けない漢字が多い。
그는 일본인인데 못 쓰는 한자가 많다.

② フランス語は下手だ＿＿＿＿＿スペイン語は上手です。
프랑스어는 잘 못하지만 스페인어는 잘합니다.

JLPT N3 기출 유형 맛보기

5 다음 문장의 ★ 에 들어갈 것으로 가장 적당한 것을 1·2·3·4에서 하나 고르세요.

① うちの子は ＿＿＿ ★ ＿＿＿ ＿＿＿ しない。
우리 아이는 다음 주 테스트인데 공부하려고 하지 않는다.

1 なのに   2 勉強しようと   3 テスト   4 来週

② 先月から ＿＿＿ ＿＿＿ ★ ＿＿＿ ひけない。
지난달부터 피아노를 시작했지만 잘 치지 못한다.

1 始めた   2 が   3 うまく   4 ピアノを

정답은 정답 체크 9p에서 확인하세요!

한 줄 여행 일본어

도시락 천국인 일본, 혹시 '駅弁(에키벤)'을 들어보신 적 있나요? 駅弁은 역이나 열차 안에서 파는 도시락을 뜻합니다. 각 지역의 특산품으로 만들어진 도시락이 많아, 일본 전국을 여행 다니며 에키벤을 찾아 먹는 재미가 있답니다. 신칸센을 타고 여행하며 에키벤을 드셔 보세요!

Day 36

학습 체크인 | DATE

好きかきらいかはっきりしてください。
좋은지 싫은지 확실히 해 주세요.

か를 활용한 다양한 표현을 마스터한다.

- 불확실함을 표현하기
- 선택의 고민을 표현하기
- 의문의 뉘앙스 표현하기

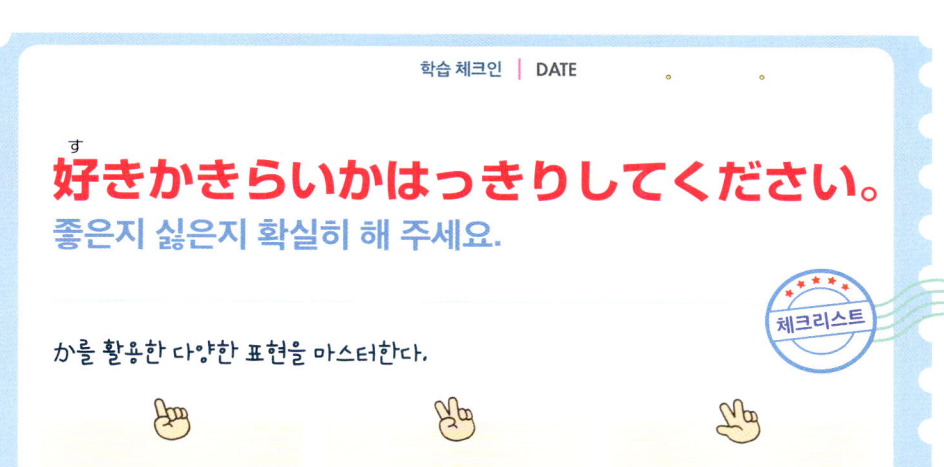

STEP 1 · 지금자자 일본어 준비물 체크하기

「か」의 다양한 표현을 익혀서, 불확실함과 의문의 뉘앙스를 말해 봅시다.

> **～か** ~인지, ~인가
>
> 동사의 보통형
> い형용사 い
> な형용사 ~~だ~~   ＋ か
> 명사

「～か(~인지)」는 불확실함을 나타낼 때 사용하는 표현이며, 주로 회화체로 쓰입니다.
「好きかきらいか(좋은지 싫은지)」처럼 반대의 의미를 갖는 표현에 붙여 반복적으로 사용할 수도 있습니다.

いつ戻ってくる**か**わかりません。　　언제 돌아올지 모르겠습니다.
テストの結果がどうなる**か**心配だ。　　시험 결과가 어떻게 나올지 걱정이다.
好き**か**きらい**か**はっきりしてください。　　좋은지 싫은지 확실히 해 주세요.

단어
いつ 언제
戻ってくる 돌아오다
わかる 알다
結果 결과
どう 어떻게
心配 걱정, 근심
好きだ 좋아하다
きらいだ 싫어하다
はっきり 확실히

> 꿀팁!!
> 「～か(~인가)」는 「なに(무엇)・だれ(누구)・どこ(어디)・いつ(언제)」와 같은 의문사와 함께 사용하기도 합니다.
> 예) 今週の週末、**どこか**行きませんか。이번 주 주말에 어딘가 가지 않을래요?

～か～ないか　~인지 아닌지

동사의 보통형
い형용사 い
な형용사 だ
명사
+ か + ～ないか

「～か～ないか(~인지 아닌지)」는 어떠한 일에 대해 확신이 서지 않을 때나 하는 게 좋을지 안 하는 게 좋을지 고민스러울 때 사용하는 표현입니다. 「～ないか(~아닌지)」를 생략하여 사용할 수 있습니다.

いい**か**よく**ないか**教えてください。
좋은지 안 좋은지 알려주세요.

この本を読む**か**読ま**ないか**はあなたの自由です。
이 책을 읽을지 안 읽을지는 당신의 자유입니다.

先生と相談して大学に行く**か**行か**ないか**を決めます。
선생님과 상담하여 대학에 갈지 안 갈지를 결정하겠습니다.

단어
教える　알려주다
自由　자유
相談　상담
決める　결정하다

～かどうか　~일지 어떨지

동사의 보통형
い형용사 い
な형용사 だ
명사
+ かどうか

「～かどうか(~일지 어떨지)」도「～か～ないか(~인지 아닌지)」와 마찬가지로 어떠한 일에 대해 확신이 서지 않을 때나 의문이 생겼을 때 사용하는 표현입니다.「～どうか(~어떨지)」를 생략할 수 있습니다.

彼は試合に参加する**かどうか**わからない。
그는 시합에 참가할지 어떨지 모르겠다.

お口に合う**かどうか**わかりませんが、どうぞ。
입에 맞을지 어떨지 모르겠지만 드셔 보세요.

あの映画はおもしろい**かどうか**気になる。
저 영화는 재밌을지 어떨지 궁금하다.

단어
試合　시합
参加する　참가하다
お口に合う　입에 맞다
映画　영화
おもしろい　재밌다
気になる　궁금하다

STEP 2 일본어 연습하기

쓰기 ☐ 읽기 ☐ 말하기 ☐

다음 어휘를 「か」를 활용하여 다양한 문장으로 완성해 봅시다.

앞으로/어떻게/제비를 뽑다 　　　　これから/どう/おみくじをひく
➡ 앞으로 어떻게 될지 제비를 뽑았다.

고추냉이/넣다/말하다 　　　　わさび/入れる/言う
➡ 고추냉이를 넣을지 말지 말해 주세요.

축제/참가하다/알려주다 　　　　まつり/参加する/教える
➡ 축제에 참가할지 어떨지 알려줘.

STEP 3 일본어 여행하기

정답 개수 ☐ / 15

1 다음 어휘를 올바르게 읽은 것을 고르세요.

① 相談　상담　　A しょうだん　　B そうだん

② 結果　결과　　A けっか　　B けつか

③ 試合　시합　　A しごう　　B しあい

2 다음 동사를 알맞은 뜻에 연결해 보세요.

① 参加(さんか)する　・　　・ A 참가하다

② お口(くち)に合(あ)う　・　　・ B 궁금하다

③ 気(き)になる　・　　・ C 돌아오다

④ 戻(もど)ってくる　・　　・ D 입에 맞다

3 다음을 읽고 틀린 곳을 고치세요.

① プレゼントは何がいいだか聞いた。　　　선물은 무엇이 좋은지 물었다.

② 彼の話は本当だかどうかわからない。　　그의 이야기는 정말인지 어떨지 모르겠다.

③ 結婚するかすないか考えています。　　　결혼할지 말지 생각하고 있습니다.

4 다음 빈칸에 알맞은 히라가나를 넣어 보세요.

① 教室の中にだれ☐いるようです。
교실 안에 누군가 있는 것 같습니다.

② おいしい☐☐☐☐食べてみて。
맛있을지 어떨지 먹어 봐.

③ サイズがあるか☐☐☐探してみます。
사이즈가 있는지 없는지 찾아보겠습니다.

JLPT N3 기출 유형 맛보기

5 다음 문장의 (　) 에 들어갈 것으로 가장 적당한 것을 1・2・3・4 에서 하나 고르세요.

① パソコンが(　　　)かどうかチェックした。　PC가 튼튼한지 어떤지 체크했다.

　1 丈夫だ　　2 丈夫　　3 丈夫な　　4 丈夫の

② 朝から何も食べなかったので何(　　　)食べたい。
아침부터 아무것도 먹지 않아서 뭔가 먹고 싶다.

　1 が　　2 を　　3 で　　4 か

정답은 정답 체크 10p에서 확인하세요!

Day 37

君にだけ教えてあげる。
너에게만 알려줄게.

だけ를 활용하여 범위를 나타내는 표현을 마스터한다.

- 범위를 한정하는 표현 익히기
- 범위를 확장하는 표현 익히기

STEP 1 진짜자주 일본어 준비물 체크하기

「だけ」의 다양한 표현을 익혀서, 범위를 한정하거나 확장하여 말해 봅시다.

☐ 체크리스트 ~だけ   ~만, ~뿐
명사 + だけ

「~だけ(~만)」는 범위를 한정하는 표현으로, 다른 것은 없고 오직 그것뿐이라는 것을 의미합니다.

ペンだけ持ってきてもいいです。	펜만 들고 와도 됩니다.
これだけは忘れないでください。	이것만은 잊지 말아 주세요.
君にだけ教えてあげる。	너에게만 알려줄게.

단어
忘れる 잊다
ペン 펜
持つ 들다, 가지다
教える 알려주다

「だけ」는 '~만, ~뿐' 이외에도 '~만큼'이라는 뜻도 지니고 있습니다. 「できるだけ(가능한 한)」의 형태로 관용적으로 사용하는 경우도 있으므로 그대로 외워서 사용해 보세요.

예 好きなだけ食べてください。 좋아하는 만큼 드세요.
　　できるだけ早く来てください。 가능한 한 빨리 와 주세요.

 **체크리스트** ～だけでなく ～뿐만 아니라

명사 + だけでなく

「AだけでなくB(A뿐만 아니라 B)」는 A뿐만 아니라 다른 것 B도 있다는 추가의 의미를 말하는 표현입니다. 추가적으로 언급함으로써 범위가 보다 넓어진 것을 나타냅니다.

彼女はダンスだけでなく、歌も上手だ。
그녀는 댄스뿐만 아니라 노래도 잘한다.

私はドラマだけでなく、映画も好きです。
나는 드라마뿐만 아니라 영화도 좋아합니다.

彼は英語だけでなく、スペイン語も話せる。
그는 영어뿐만 아니라 스페인어도 말할 수 있다.

단어
- ダンス 댄스
- 歌 노래
- 上手だ 잘하다
- ドラマ 드라마
- 映画 영화
- 好きだ 좋아하다
- 英語 영어
- スペイン語 스페인어

STEP 2 신자각 일본어 연습하기

쓰기 / 읽기 / 말하기

 다음 어휘를 「だけ」를 활용하여 범위를 나타내는 다양한 문장으로 완성해 봅시다.

일본 요리/소고기 덮밥/만들다 日本料理/牛どん/作る
➡ 일본 요리는 소고기 덮밥만 만들 수 있다. 　日本料理は牛どんだけ作れる。

아사쿠사/가다/부적/사 오다 浅草/行く/おまもり/買ってくる
➡ 아사쿠사에 가서 부적만 사 왔다. 　浅草に行っておまもりだけ買ってきた。

온천/사우나/들어가다 おんせん/サウナ/入る
➡ 온천뿐만 아니라 사우나도 들어가고 싶다. 　おんせんだけでなくサウナも入りたい。

지갑/100엔/있다 さいふ/100円/ある
➡ 지갑에 100엔만 있다. 　さいふに100円だけある。

STEP 3  일본어 여행하기

정답 개수 [ ] / 15

1 다음 우리말에 맞게 알맞은 표현을 고르세요.

① 山本くんはスポーツ　A だけ　　B だけでなく　料理も上手だ。
야마모토 군은 스포츠뿐만 아니라 요리도 잘한다.

② あの映画は音楽　A だけ　　B だけでなく　よかった。
저 영화는 음악만 좋았다.

③ 私はギター　A だけ　　B だけでなく　ひけます。
저는 기타만 칠 수 있습니다.

2 다음 어휘를 알맞은 뜻에 연결해 보세요.

① ドラマ　・　　　　　　・ A　펜

② ダンス　・　　　　　　・ B　댄스

③ スペイン　・　　　　　・ C　스페인

④ ペン　・　　　　　　　・ D　드라마

3 다음을 읽고 보기를 활용하여 문장을 완성해 보세요.

 보기　　　　　　　　　だけ ｜ だけでなく

① 日本に行ったらたこやき _____ おこのみやきも食べたい。
일본에 가면 다코야키뿐만 아니라 오코노미야키도 먹고 싶다.

② 買い物に行ってお菓子 _____ 買って来た。
장 보러 가서 과자만 사 왔다.

4 다음 빈칸에 알맞은 히라가나를 넣어 보세요.

① この仕事ができる人は彼□□です。
이 일을 할 수 있는 사람은 그뿐입니다.

② 肉□□□□□野菜も食べなさい。
고기뿐만 아니라 야채도 먹으렴.

③ うちの子はひらがな□□書けます。
우리 아이는 히라가나만 쓸 수 있습니다.

④ ディズニーランド□□□□□ユニバーサルスタジオも行きたい。
디즈니랜드뿐만 아니라 유니버설 스튜디오도 가고 싶다.

JLPT N3 기출 유형 맛보기

5 다음 문장의 (   )에 들어갈 것으로 가장 적당한 것을 1·2·3·4 에서 하나 고르세요.

① サラダに卵(　　　)なく、ベーコンも入れた。
샐러드에 달걀뿐만 아니라 베이컨도 넣었다.

1 だけが　　2 ほどで　　3 だけで　　4 ほどが

② A：暑いね。カフェでも行かない？ 덥네. 카페라도 가지 않을래?
B：じゃ、私はコーヒーとケーキを食べる。 그럼, 나는 커피랑 케이크를 먹을래.
C：私はジュース(　　　)にする。 나는 주스만 할게.

1 だけで　　2 ほど　　3 だけ　　4 だけを

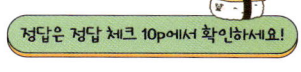

Day 38

一口（ひとくち）ぐらいは食（た）べてもいいよ。
한 입 정도는 먹어도 돼.

학습 체크인 | DATE

수량과 정도를 나타내는 표현을 마스터한다.

 대략적인 정도를 나타내는 「くらい」 익히기

 높은 정도를 나타내는 「ほど」 익히기

 「ほど」를 활용하여 대상을 비교하기

STEP 1 진짜자 일본어 준비물 체크하기

✈️ 정도 표현의 뉘앙스를 이해하고, 정도의 크기를 예로 들어 다양하게 말해 봅시다.

체크리스트 ~くらい・ぐらい　~정도(로)
명사 + くらい・ぐらい

「~くらい・ぐらい(~정도)」는 대략적인 수량과 정도를 나타내는 표현입니다. 또한 「一口（ひとくち）ぐらいは(한 입 정도는)」처럼 '~정도는 가볍게' 대수롭지 않다는 뉘앙스를 나타내기도 합니다. 「くらい」와 「ぐらい」는 동일한 의미로 어느 것이든 사용할 수 있습니다.

食費（しょくひ）は毎月（まいつき）3万円（まんえん）くらいかかります。
식비는 매월 3만 엔 정도 듭니다.

一口（ひとくち）ぐらいは食（た）べてもいいよ。
한 입 정도는 먹어도 돼.

風邪（かぜ）をひいて三日（みっか）ぐらいたちました。
감기에 걸린 지 3일 정도 지났습니다.

단어
- 食費（しょくひ） 식비
- 毎月（まいつき） 매월
- かかる (비용이) 들다
- 一口（ひとくち） 한 입
- 風邪（かぜ）をひく 감기에 걸리다
- 三日（みっか） 3일
- たつ (시간, 세월 등이) 지나다

💡 꿀팁! 「くらい・ぐらい(정도)」는 명사뿐만 아니라 동사의 보통형에도 접속하여 활용할 수 있습니다.

예) なみだが出（で）るぐらい悲（かな）しい映画（えいが）だった。
눈물이 나올 정도로 슬픈 영화였다.

 **~ほど** ~정도(로), ~만큼

명사 + ほど

「~ほど(~정도)」는 수량을 나타내는 표현 뒤에 붙어 대략적인 수량의 정도를 나타내는 표현입니다. 「くらい・ぐらい(정도)」와 의미는 대부분 같지만, 정도가 높은 경우에는 「ほど」를 사용하는 경우가 많습니다.

단어
電話 전화
話す 이야기하다
昨日 어제
仕事 일
山ほど 산더미만큼

友だちと3時間ほど電話で話した。 친구와 3시간 정도 전화로 이야기했다.
昨日は12時間ほど寝ました。 어제는 12시간 정도 잤습니다.
仕事が山ほどあります。 일이 산더미만큼 있습니다.

 **~ほど~ない** ~만큼 ~하지 않다, 없다

명사 + ほど + ~ない

「~ほど~ない(~만큼 ~하지 않다)」는 「ほど」 앞에 붙는 명사가 기준이 되어 대상을 비교할 때 쓰입니다. 「ほど」 뒤에는 부정의 의미인 「ない」가 항상 붙습니다.

단어
寒い 춥다
昔 옛날
忙しい 바쁘다
きちょうめんだ 꼼꼼하다

今日は昨日ほど寒くない。 오늘은 어제만큼 춥지 않다.
今は、昔ほど忙しくない。 지금은 옛날만큼 바쁘지 않다.
彼ほどきちょうめんな人はいない。 그만큼 꼼꼼한 사람은 없다.

 **일본어 연습하기**

쓰기 읽기 말하기

다음 어휘를 활용하여 정도를 나타내는 문장을 완성해 봅시다.

주먹밥/스스로/만들다 　　　　　おにぎり/自分で/作る
➡ 주먹밥 정도는 스스로 만들 수 있다. 　おにぎりぐらいは自分で作れる。

푸딩/좋아하다/디저트 　　　　　プリン/好きだ/デザート
➡ 푸딩만큼 좋아하는 디저트는 없다. 　プリンほど好きなデザートはない。

STEP 3  일본어 여행하기

정답 개수 ☐ / 15

1 다음 어휘를 알맞은 뜻에 연결해 보세요.

① 一口 (ひとくち) •   • A 식비

② 食費 (しょくひ) •   • B 감기

③ 風邪 (かぜ) •   • C 한 입

④ 毎月 (まいつき) •   • D 매월

2 다음 빈칸에 알맞은 히라가나를 넣어 보세요.

① 2時間 ☐☐☐ 昼寝をしました。
2시간 정도 낮잠을 잤습니다.

② ネイティブ ☐☐ 日本語が上手になりたい。
네이티브만큼 일본어를 잘하고 싶다.

③ 今年は去年 ☐☐ 暑く ☐☐ 。
올해는 작년만큼 덥지 않다.

④ カレー ☐☐☐ は自分で作れる。
카레 정도는 스스로 만들 수 있다.

3 다음을 읽고 틀린 곳을 고치세요.

① 宿題が山のほどある。   숙제가 산더미만큼 있다.

② さいふに一万円のぐらいある。   지갑에 1만 엔 정도 있다.

③ スマホなほど便利なものはない。   스마트폰만큼 편리한 것은 없다.

4 다음을 읽고 보기를 활용하여 대화를 완성해 보세요.

> 보기   ぐらい ｜ ほど

1. 鈴木くん、ピアノがひけるの？すごいね。
   스즈키 군, 피아노를 칠 수 있어? 대단하네.

   これ ❶ _____ は何でもないよ。
   이 정도는 아무것도 아니야.

2. わあ、本当に夜景がきれいだね。
   와, 정말로 야경이 예쁘네.

   そうね。この町 ❷ _____ きれいな夜景は見たことがない。
   그렇네. 이 마을만큼 예쁜 야경은 본 적이 없어.

JLPT N3 기출 유형 맛보기

5 다음 문장의 ★ 에 들어갈 것으로 가장 적당한 것을 1·2·3·4 에서 하나 고르세요.

❶ アメリカに ____ ★ ____ ____ 話せる。 미국에 10년 정도 살면 영어로 말할 수 있다.

   1 住んで   2 英語で   3 いたら   4 10年ぐらい

❷ 学生：先生、コンクールに出たことがありますか。 선생님, 콩쿠르에 나간 적이 있나요?
　先生：はい、もう ____ ____ ★ ____ ですよ。 네, 벌써 20년 정도 전의 일이에요.

   1 前の   2 20年   3 ほど   4 こと

Day 39

映画が始まるところです。
영화가 시작되려는 참입니다.

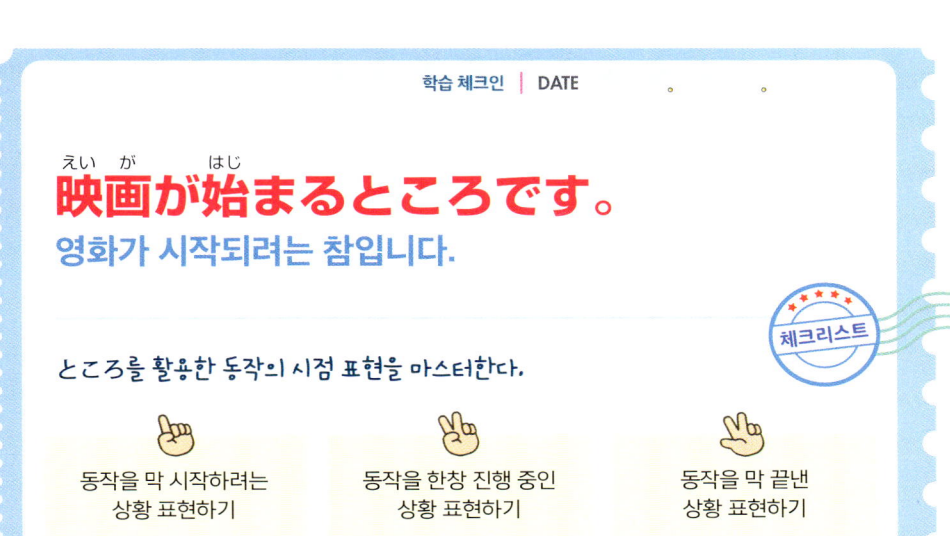

ところ를 활용한 동작의 시점 표현을 마스터한다.

- 동작을 막 시작하려는 상황 표현하기
- 동작을 한창 진행 중인 상황 표현하기
- 동작을 막 끝낸 상황 표현하기

STEP 1 · 진짜자 일본어 준비물 체크하기

「ところだ」의 표현을 익혀 동작이나 사건이 일어나는 시점이 언제인지 말할 수 있다.

~ところだ　~하려는 참이다
동사의 사전형 + ところだ

동사의 사전형에 「ところだ」를 접속하면 '~하려던 참이다'라는 의미로 어떤 동작을 행하려는 바로 직전의 시점을 나타냅니다.

今からタクシーに乗るところです。	지금부터 택시를 타려는 참입니다.
映画が始まるところです。	영화가 시작되려는 참입니다.
ちょうど出かけるところでした。	마침 나가려던 참이었습니다.

단어
映画 영화
始まる 시작되다
出かける 나가다

어떤 동작이 일어나기 바로 직전을 나타내는 「~ところだ(~하려는 참이다)」는 「これから(지금부터)・今(지금)・ちょうど(마침)」 등과 같은 부사와 함께 자주 사용됩니다.

예) 今お台場のレインボーブリッジを渡るところです。
지금 오다이바의 레인보우 브리지를 건너려는 참입니다.

 **~ているところだ** 한창 ~하는 중이다
동사의 て형 + いる + ところだ

동사 진행형인 「~ている」에 「ところだ」를 접속하면 '한창 ~하는 중이다'라는 의미로 지금 어떤 동작이 한창 진행중이라는 시점을 나타냅니다.

今、情報を調べているところです。　　지금 한창 정보를 조사하는 중입니다.

2時からレポートを書いているところです。　　2시부터 리포트를 한창 쓰는 중입니다.

公園を歩いているところです。　　공원을 한창 걷는 중입니다.

단어
情報　정보
調べる　조사하다
公園　공원
歩く　걷다

 **~たところだ** 막 ~한 참이다
동사의 た형 + ところだ

동사의 た형에 「ところだ」를 접속하면 '막 ~한 참이다'라는 의미로 지금 어떤 동작이 막 끝난 직후의 시점을 나타냅니다.

一階のロビーに着いたところです。　　1층 로비에 막 도착한 참입니다.

ちょうど今、電車を降りたところです。　　지금 막 전철에서 내린 참입니다.

運動して帰ってきたところです。　　운동하고 막 돌아온 참입니다.

단어
一階　1층
着く　도착하다
ちょうど　마침, 딱
~を降りる　(탈것,역)에서 내리다

STEP 2 지금자 **일본어 연습하기**　　쓰기　읽기　말하기

다음 어휘를 「ところ」를 활용하여 어떤 동작의 시점을 문장으로 완성해 봅시다.

우에노 공원/가다　　上野公園/行く

 우에노 공원에 가려는 참입니다.　　 上野公園に行くところです。

렌터카/빌리다　　レンタカー/借りる

➡ 렌터카를 막 빌린 참입니다.　　レンタカーを借りたところです。

STEP 3  일본어 여행하기

정답 개수 ☐ / 15

1 다음 동사를 알맞은 뜻에 연결해 보세요.

① 始(はじ)まる •　　　　　　• A 외출하다

② 調(しら)べる •　　　　　　• B 시작되다

③ 出(で)かける •　　　　　　• C 걷다

④ 歩(ある)く •　　　　　　• D 조사하다

2 다음 동사를 활용하여 알맞은 히라가나를 넣어 보세요.

① 作(つく)る ➡ 弁当(べんとう)を作(つく)☐☐☐☐ ところだ。
　만들다　　　한창 도시락을 만들고 있는 중이다.

② 乗(の)る ➡ 飛行機(ひこうき)に乗(の)☐☐☐☐。
　타다　　　비행기를 타려는 참이다.

③ 終(お)わる ➡ テストが終(お)☐☐☐☐☐☐。
　끝나다　　　시험이 막 끝난 참이다.

3 다음을 읽고 빈칸을 우리말 의미에 맞게 바꿔 보세요.

① 会社(かいしゃ)に戻(もど)る ➡ ＿＿＿＿＿＿＿＿。
　회사로 돌아가다　　　회사로 돌아가려는 참이다.

② 客(きゃく)と話(はな)す ➡ ＿＿＿＿＿＿＿＿。
　손님과 이야기하다　　　손님과 한창 이야기하는 중이다.

③ メールを送(おく)る ➡ ＿＿＿＿＿＿＿＿。
　메일을 보내다　　　메일을 막 보낸 참이다.

4 다음을 읽고 보기를 활용하여 문장을 완성해 보세요.

보기   降りる (탈 것, 역에서) 내리다 ┃ 行く 가다 ┃ まとめる 정리하다

① 新宿駅で _____ です。
신주쿠역에서 막 내린 참입니다.

② これから友だちに会いに _____ 。
지금부터 친구를 만나러 가려던 참이다.

③ 会議の資料を _____ です。
회의 자료를 정리하고 있습니다.

JLPT N3 기출 유형 맛보기

5 다음 문장의 ( )에 들어갈 것으로 가장 적당한 것을 1·2·3·4 에서 하나 고르세요.

① A : 試合はもう終わりましたか。 시합은 벌써 끝났나요?
   B : はい、今 (   ) です。 네, 지금 막 끝난 참입니다.

1 終わりところ   2 終わったところ
3 終わっているところ   4 終わらないところ

② 部長に資料を持って (   ) です。 부장님한테 자료를 가지고 가려는 참입니다.

1 帰るところ   2 行っているところ
3 行くところ   4 帰っているところ

Day 40

兄は寝てばかりいる。
형은 자고만 있다.

ばかり를 활용한 다양한 표현을 마스터한다.

 반복되는 상태를 비판하는 뉘앙스 표현하기

 시간이 얼마 지나지 않았다는 뉘앙스 표현하기

STEP 1 진짜쌤 일본어 준비물 체크하기

「ばかり」의 다양한 표현을 익혀서 뉘앙스 차이를 잘 표현할 수 있다.

☐ 체크리스트 ～てばかりいる ～하고만 있다, ~하기만 한다
동사의 て형 + ばかりいる

「～てばかりいる(~하고만 있다)」는 항상 같은 상태에 있거나 같은 일을 반복하는 것을 비판하는 뉘앙스를 담아 말할 때 사용합니다.

단어
- 週末 주말
- 宿題 숙제
- 遊ぶ 놀다
- 一日中 하루 종일
- スマホ 스마트폰

週末、兄は寝てばかりいる。	주말에 형은 자기만 한다.
宿題はしないで遊んでばかりいます。	숙제는 안 하고 놀고만 있습니다.
一日中スマホを見てばかりいます。	하루 종일 스마트폰을 보고만 있습니다.

꿀팁!! 「～てばかりいる(~하고만 있다)」와 비슷한 표현으로 명사에 접속하여 「～ばかりしている(~만 하고 있다)」라고도 말할 수 있습니다.

예) 一日中ゲームしてばかりいる。 [동사의 て형 활용]
하루 종일 게임하고만 있다.

一日中ゲームばかりしている。 [명사 활용]
하루 종일 게임만 하고 있다.

 **~たばかりだ　~한 지 얼마 안 됐다**
동사의 た형 + ばかりだ

「~たばかりだ(~한 지 얼마 안 됐다)」는 어떤 동작을 한 지 얼마 안 되었다는 것을 나타내는 표현입니다. 비슷한 의미인 「~たところだ(막 ~했다)」 표현은 행동이 끝난 바로 직후의 시점을 말하지만, 「~たばかりだ」의 경우는 한 달이 지나도 '결혼 또는 입사한 지 얼마 안 됐다'라고 말하는 것처럼 심리적으로 시간이 별로 지나지 않았다고 느낄 때 사용할 수 있습니다.

彼女とは付き合ったばかりだ。
여자친구와는 사귄 지 얼마 안 됐다.

この靴は買ったばかりです。
이 신발은 산 지 얼마 안 됐습니다.

引っ越してきたばかりで、道に迷いました。
이사온 지 얼마 안 돼서 길을 헤맸습니다.

단어
付き合う 사귀다
靴 구두, 신발
引っ越す 이사하다
道 길
~に迷う ~을 헤매다

꿀팁!
「~たばかり」는 「~たところ」와 달리 명사를 수식할 수도 있습니다.
예) 買ったばかりの服(○)　산 지 얼마 안 된 옷
　　買ったところの服(×)

STEP 2  일본어 연습하기

쓰기　읽기　말하기

✈ 다음 어휘를 「ばかり」를 활용하여 문장을 완성해 봅시다.

아키하바라/애니메이션/보다　　　　　　秋葉原/アニメ/見る
➡ 아키하바라에서 애니메이션을 보고만 있다.　　秋葉原でアニメを見てばかりいる。

오키나와/스노쿨링/하다　　　　　　沖縄/シュノーケリング/する
➡ 오키나와에서 스노쿨링 하기만 했다.　　沖縄でシュノーケリングしてばかりいた。

하네다 공항/도착하다　　　　　　羽田空港/着く
➡ 하네다 공항에 도착한 지 얼마 안 됐다.　　羽田空港に着いたばかりだ。

STEP 3 일본어 여행하기

정답 개수 ☐ / 15

1 다음 동사를 알맞은 뜻에 연결해 보세요.

① 引っ越す •   • A 헤매다

② 迷う •   • B 놀다

③ 付き合う •   • C 사귀다

④ 遊ぶ •   • D 이사하다

2 다음 동사를 활용하여 알맞은 히라가나를 넣어 보세요.

① 出る ➡ 家を出 ☐☐☐☐☐。
나오다   집을 나온 지 얼마 안 됐다.

② 入る ➡ 会社に入 ☐☐☐☐☐。
들어가다   회사에 들어간 지 얼마 안 됐다.

③ 食べる ➡ かき氷を食 ☐☐☐☐ いる。
먹다   빙수를 먹고만 있다.

3 다음 우리말에 맞게 빈칸에 들어갈 표현을 고르세요.

① 朝から雨が A 降ってばかりいる   B 降ったばかりだ 。
아침부터 비가 내리기만 한다.

② 本を A 借りてばかり   B 借りたばかり なので、まだ読めなかった。
책을 빌린 지 얼마 안 돼서 아직 못 읽었다.

③ 一日中マンガを A 読んでばかりいる   B 読んだばかりだ 。
하루 종일 만화를 읽고만 있다.

4 다음을 읽고 틀린 곳을 고치세요.

① 日本に来てばかりです。　　　　일본에 온 지 얼마 안 됐습니다.

② 一日中ゲームしたばかりいる。　하루 종일 게임하고만 있다.

③ 今年大学を卒業してばかりだ。　올해 대학을 막 졸업했다.

JLPT N3 기출 유형 맛보기

5 다음 문장의 (　　)에 들어갈 것으로 가장 적당한 것을 1·2·3·4에서 하나 고르세요.

① 動物園で(　　　　)ばかりのパンダの赤ちゃんを見た。
동물원에서 갓 태어난 판다 새끼를 봤다.

1 生まれる　　2 生まれた　　3 生まれている　　4 生まれて

② 毎日お酒を(　　　　)ばかりいると病気になる。
매일 술을 마시고만 있으면 병이 생긴다.

1 飲んだ　　2 飲んで　　3 飲む　　4 飲んでいる

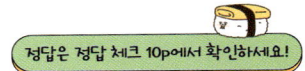
정답은 정답 체크 10p에서 확인하세요!

한 줄 여행 일본어

일본식 덮밥 '돈부리(丼ぶり)', 어디까지 알고 계세요? 어휘 체크하고 종류별로 즐겨 보세요!
牛丼 규동(소고기 덮밥) | 親子丼 오야꼬동(닭고기 계란 덮밥) | 天丼 텐동(튀김 덮밥) | 海鮮丼 가이센동(해산물 덮밥)

A : おすすめのメニューは何ですか。 추천 메뉴는 무엇인가요?
B : 本日のおすすめは海鮮丼です。 오늘은 가이센동을 추천해 드려요.

학습 체크인 | DATE

Day 41

京都といえば清水寺が有名です。
교토라고 하면 기요미즈데라가 유명합니다.

いう의 다양한 표현을 마스터한다.

- 잘 모르는 사람·물건·장소 등의 명칭을 말하기
- 떠오르는 것을 화제로 말하기

STEP 1 · 짐꾸러기 일본어 준비물 체크하기

「という」의 표현을 익혀 잘 모르는 명칭을 묻거나 떠오르는 것을 자유롭게 말해 봅시다.

체크리스트

〜という ~라고 하는
명사 + という

「〜という」의「〜と」는 '~라고'하는 의미이며,「いう」는 '말하다'라는 동사입니다.「〜という + 명사」의 형태로 '~라고 하는'으로 해석되며 잘 모르는 사람이나 물건 또는 장소의 명칭을 묻거나 말하고자 할 때 사용합니다.

단어
- 漢字 한자
- 何 무엇
- 意味 뜻, 의미
- かう 기르다, 키우다
- 松山 마쓰야마(지명)
- 町 마을
- 育つ 자라다

この漢字は何という意味ですか。
이 한자는 뭐라고 하는 뜻이에요?

私は「クロ」という犬をかっています。
저는 '쿠로'라고 하는 개를 기르고 있습니다.

私は松山という町で育ちました。
저는 '마쓰야마'라고 하는 마을에서 자랐습니다.

꿀팁! 「〜という」가 문장 끝에 위치하면 '〜라고 하다'가 되며, 이름을 소개할 때 사용합니다.

예) はじめまして。田中といいます。
처음 뵙겠습니다. 다나카라고 합니다.

 **~といえば** ~라고 하면, ~라면

명사 + といえば

「~といえば(~라고 하면)」는 어떤 일을 화제로 하여 바로 떠오르는 이미지를 말할 때 사용하는 표현입니다. 연상 용법이라고도 하며, 「というと(~라고 하면)」와 바꿔 쓸 수 있습니다.

단어
春 봄
クリスマス 크리스마스
京都 교토
清水寺 기요미즈데라 (교토의 사찰 중 하나)

日本の春といえばさくらでしょう。　　일본의 봄이라면 벚꽃이죠.
12月といえば、クリスマスだね。　　12월이라고 하면 크리스마스지.
京都といえば清水寺が有名です。　　교토라고 하면 기요미즈데라가 유명합니다.

STEP 2 진짜자 일본어 연습하기

쓰기　읽기　말하기

✈ 다음 어휘를 「いう」를 활용하여 다양한 표현의 문장을 완성해 봅시다.

도련님/소설/알다
坊っちゃん/小説/知る
 '도련님'이라고 하는 소설을 알고 있습니까?　坊っちゃんという小説を知っていますか。

오사카/다코야키
大阪/たこやき
 오사카라고 하면 다코야키지.　大阪といえばたこやきだね。

삿포로/눈 축제
札幌/雪まつり
 삿포로라고 하면 눈 축제죠.　札幌といえば雪まつりでしょう。

토토로/영화/보다
トトロ/映画/見る
 '토토로'라고 하는 영화를 본 적 있어?　トトロという映画を見たことがある？

STEP 3  일본어 여행하기

정답 개수 ☐ / 15

1 다음 어휘를 알맞은 뜻에 연결해 보세요.

① 京都（きょうと） •   • A 자라다

② かう •   • B 뜻

③ 意味（いみ） •   • C 교토

④ 育つ（そだつ） •   • D 기르다

2 다음 빈칸에 알맞은 히라가나를 넣어 보세요.

① 日本の山 ☐☐☐ やっぱり富士山でしょう。
일본의 산이라고 하면 역시 후지산이죠.

② 「ワンピース」☐☐ マンガを知っていますか。
'원피스'라고 하는 만화를 알고 있습니까?

③ ファストフード ☐☐☐ ハンバーガーだね。
패스트푸드라고 하면 햄버거지.

④ 大阪では「グリコサイン」☐☐ 観光スポットがある。
오사카에는 '글리코 사인'이라고 하는 관광지가 있다.

3 다음을 읽고 틀린 곳을 고치세요.

① おんせんだといえば箱根だね。   온천이라면 하코네지.

② これは「タンポポ」のという花です。   이것은 '민들레'라고 하는 꽃입니다.

③ 日本の食べ物といわばすしでしょう。   일본 음식이라고 하면 초밥이죠.

4 다음 보기를 활용하여 우리말에 맞춰 문장을 완성해 보세요.

> 보기: といえば | という

① 日本の作家 _____ 村上春樹が有名です。
일본의 작가라고 하면 무라카미 하루키가 유명합니다.

② 奈良には「東大寺」_____ お寺があります。
나라에는 '도다이지'라고 하는 절이 있습니다.

JLPT N3 기출 유형 맛보기

5 다음 문장의 ★ 에 들어갈 것으로 가장 적당한 것을 1·2·3·4에서 하나 고르세요.

① 先週 ____ ★ ____ ____ 行ってきた。
지난주에 '봄'이라고 하는 영화를 보러 갔다 왔다.

1 「春」 2 映画を 3 見に 4 という

② 日本の ____ ____ ★ ____ でしょう。 일본의 스포츠라면 역시 스모지요.

1 といえば 2 スポーツ 3 すもう 4 やっぱり

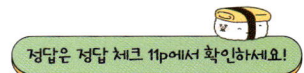

한 줄 여행 일본어

일본 현지에서만 볼 수 있는 편의점 혹시 알고 계신가요? 일본 유명 제빵 회사 '山崎製パン(야마자키 제빵)'에서 운영하는 デイリーヤマザキ(데일리 야마자키), 홋카이도 로컬 편의점이자 가장 오래된 편의점인 セイコマート(세이코 마트) 등 현지에는 정말 개성 강한 편의점들이 많답니다.

Day 42

いくら考えても答えがわからない。
아무리 생각해도 답을 모르겠다.

て도와 어울리는 다양한 표현을 마스터한다.

 「どんなに」를 활용하여 조건과 관계없음을 나타내기

 「いくら」를 활용하여 정도와 관계없음을 나타내기

 「たとえ」를 활용하여 상황을 가정하기

STEP 1 · 일본어 준비물 체크하기

✈ 조사 「ても」와 호응하는 부사들을 익혀서 상대와 대화할 때 사용해 봅시다.

どんなに~ても 아무리 ~해도

どんなに + [동사의 て형 / い형용사 い+くて / な형용사 だ+で / 명사+で] + も

「どんなに~ても(아무리 ~해도)」는 어떤 어려운 상황이라도 영향을 받지 않는다는 뉘앙스를 담아 말하고자 할 때 사용합니다.

どんなに忙しくても連絡してほしい。
아무리 바빠도 연락했으면 좋겠다.

どんなに寒くても毎日運動をしています。
아무리 추워도 매일 운동을 하고 있습니다.

どんなに辛くても仕事はやめられない。
아무리 힘들어도 일은 그만둘 수 없다.

단어
- 忙しい 바쁘다
- 連絡 연락
- 寒い 춥다
- 毎日 매일
- 運動 운동
- 辛い 힘들다
- 仕事 일
- やめる 그만두다

いくら〜ても　아무리 ~해도

いくら + [동사의 て형 / い형용사 ~~い~~くて / な형용사 ~~だ~~で / 명사で] + も

「いくら〜ても(아무리 ~해도)」는 「どんなに〜ても(아무리 ~해도)」와 비슷한 의미로 '수량이나 정도가 아무리 심해도'라는 뉘앙스를 담은 표현입니다.

いくら考え**ても**答えがわかりません。
아무리 생각해도 답을 모르겠습니다.

いくらお酒が好き**でも**毎日飲むのはよくない。
아무리 술을 좋아해도 매일 마시는 것은 좋지 않다.

彼に**いくら**メールを送っ**ても**返事は来なかった。
그에게 아무리 메일을 보내도 답장은 오지 않았다.

단어
答え　답
お酒　술
メール　메일
返事　답장
送る　보내다

たとえ〜ても　설령(비록) ~해도

たとえ + [동사의 て형 / い형용사 ~~い~~くて / な형용사 ~~だ~~で / 명사で] + も

「たとえ〜ても(설령 ~해도)」는 '설령 비가 와도 시합은 중지되지 않는다'처럼 어떠한 조건을 가정하고, 그 조건 속에서도 결과는 변하지 않는다는 뉘앙스를 담고 있습니다.

たとえ苦しく**ても**あきらめないつもりだ。
비록 괴로워도 포기하지 않을 생각이다.

たとえ大雪が降っ**ても**仕事は休みません。
설령 큰눈이 와도 일은 쉬지 않습니다.

たとえ日本人**でも**、あの漢字は読めないでしょう。
비록 일본인이라도 저 한자는 읽을 수 없겠지요.

단어
苦しい　괴롭다
あきらめる　포기하다
大雪　큰눈, 대설
仕事　일

다음 어휘를 「ても」를 활용한 다양한 표현의 문장을 완성해 봅시다.

찾다/여권/없다 (아무리)
➡ 아무리 찾아도 여권은 없었다.

さがす/パスポート/ない (どんなに)
✏️ どんなにさがしてもパスポートはなかった。

비싸다/가이센동(해산물 덮밥)/먹다 (아무리)
➡ 아무리 비싸도 가이센동은 먹고 싶다.

高い/海鮮どん/食べる (いくら)
いくら高くても海鮮どんは食べたい。

비가 오다/디즈니랜드/가다 (설령)
➡ 설령 비가 와도 디즈니랜드에 간다.

雨が降る/ディズニーランド/行く (たとえ)
たとえ雨が降ってもディズニーランドに行く。

 일본어 여행하기   정답 개수 ☐ / 15

1 다음 어휘를 알맞은 뜻에 연결해 보세요.

① 送る   •   • A 큰눈
② 大雪   •   • B 괴롭다
③ あきらめる •   • C 보내다
④ 辛い   •   • D 포기하다

2 다음 빈칸에 알맞은 히라가나를 넣어 보세요.

① いくら待っ☐☐ 彼は来ませんでした。
아무리 기다려도 그는 오지 않았습니다.

② ☐☐☐☐ おいしくても毎日食べればきらいになる。
아무리 맛있어도 매일 먹으면 싫어진다.

③ ☐☐☐ 両親が反対して☐、仕事をやめるつもりだ。
설령 부모님이 반대해도 일을 그만둘 생각이다.

3 다음 우리말에 맞게 알맞은 표현을 고르세요.

① A どんなに　B たとえ　呼んでも返事もしない。
아무리 불러도 대답도 하지 않는다.

② ユリさんは A たとえ　B いくら　食べても太らない。
유리 씨는 아무리 먹어도 살찌지 않는다.

③ A たとえ　B いくら　プロでもできないことはある。
비록 프로라도 할 수 없는 일은 있다.

4 다음을 읽고 틀린 곳을 고치세요.

① いくら家族ても話せないことはある。　아무리 가족이라도 말할 수 없는 것이 있다.

② どんな書いても漢字が覚えられない。　아무리 써도 한자가 외워지지 않는다.

③ たとえ宝くじに当たるも会社はやめない。　설령 복권에 당첨돼도 회사는 그만두지 않는다.

JLPT N3 기출 유형 맛보기

5 다음 문장의 ★ 에 들어갈 것으로 가장 적당한 것을 1·2·3·4 에서 하나 고르세요.

① どんなに ＿＿ ★ ＿＿ ＿＿ ようにしている。
아무리 배가 고파도 밤늦게 먹지 않도록 하고 있다.

1 すいても　2 食べない　3 お腹が　4 夜遅く

② たとえ ＿＿ ＿＿ ★ ＿＿ ある。 비록 선생님이라도 모르는 것은 많이 있다.

1 たくさん　2 わからない　3 先生でも　4 ことは

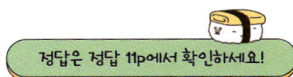

Day 43

학습 체크인 | DATE

なかなかバスが来ない。
좀처럼 버스가 오지 않는다.

ない와 어울리는 다양한 부사 표현을 마스터한다.

「あまり」를 활용하여 '별로 ~않다'를 말하기

「なかなか」를 활용하여 '좀처럼 ~않다'를 말하기

「ぜんぜん」을 활용하여 '전혀 ~않다'를 말하기

STEP 1 — 진짜 일본어 준비물 체크하기

✈ 부정형과 호응하는 부사를 익혀서, 다양하게 상대에게 의견을 말해 봅시다.

あまり~ない 별로(그다지) ~없다/않다

あまり + 동사의 ない형 / い형용사 ~~い~~く / な형용사 ~~だ~~では + ない

「あまり」 뒤에 부정형 「ない」가 접속하면 '별로 ~않다'라는 뜻이 되며, 상황의 정도나 빈도가 높지 않음을 나타냅니다.

あまり使わないものはすてることにした。
별로 사용하지 않는 것은 버리기로 했다.

妹の部屋は**あまり**きれいでは**ない**。
여동생의 방은 별로 깨끗하지 않다.

あの本屋は**あまり**人がいません。
저 책방은 별로 사람이 없습니다.

단어
- 使う 사용하다
- すてる 버리다
- 妹 여동생
- 部屋 방
- きれいだ 깨끗하다
- 本屋 책방, 서점

꿀팁!! 「あまり」 뒤에 부정이 아닌 긍정 표현이 접속하면 '너무 ~하다'라는 의미가 되며, 정도가 예상보다 심한 모습을 나타냅니다.

예) **あまり**(にも)ひどい。 너무 심하다.

 **なかなか～ない 좀처럼 ~없다/않다**

なかなか + 동사의 ない형 + ない

「なかなか」는 뒤에 부정형 「ない」가 접속하면 '좀처럼 ~않다'라는 의미가 되며, 생각대로 쉽게 진행되지 않는다는 뉘앙스를 나타냅니다.

なかなかバスが来ない。
좀처럼 버스가 오지 않는다.

薬を飲んでもなかなかよくならない。
약을 먹어도 좀처럼 좋아지지 않는다.

この店のパンは有名でなかなか買えない。
이 가게 빵은 유명해서 좀처럼 살 수 없다.

단어
薬を飲む 약을 먹다
よくなる 좋아지다
店 가게
パン 빵
有名だ 유명하다

 「なかなか」 뒤에 부정이 아닌 긍정형이 접속하면 '꽤, 상당히, 매우'라는 의미가 됩니다.

예) なかなかおもしろい本ですね。
꽤 재밌는 책이군요.

 **ぜんぜん～ない 전혀 ~없다/않다**

ぜんぜん + 동사의 ない형 / い형용사 ~~い~~く / な형용사 ~~だ~~では + ない

「ぜんぜん」의 경우 대부분 뒤에 부정형 「ない」가 접속하며, '전혀 ~않다'라는 의미가 됩니다. 상황을 완전히 부정할 때 사용합니다.

あの本はぜんぜんおもしろくない。
저 책은 전혀 재밌지 않다.

最近若者とはぜんぜん話が通じない。
요즘 젊은 사람과는 전혀 이야기가 통하지 않는다.

3時間も待って買ったのにぜんぜんおいしくない。
3시간이나 기다려서 샀는데 전혀 맛있지 않다.

단어
最近 요즘, 최근
若者 젊은 사람
話 이야기
通じる 통하다

STEP 2 일본어 연습하기

쓰기 읽기 말하기

다음 어휘를 「ない」와 호응하는 부사를 활용하여 다양한 문장을 완성해 봅시다.

소금 라면/먹다 　　　　　塩ラーメン/食べる
➡ 소금 라면은 별로 먹은 적이 없다. 　　塩ラーメンはあまり食べたことがない。

시부야행/전철/오다 　　　渋谷行き/電車/来る
➡ 시부야행 전철이 좀처럼 오지 않는다. 　渋谷行きの電車がなかなか来ない。

STEP 3 일본어 여행하기

정답 개수 ☐ / 15

1 다음 어휘를 알맞은 뜻에 연결해 보세요.

① 若者 　•　　　　　　• A 통하다
② すてる •　　　　　　• B 젊은 사람
③ 通じる •　　　　　　• C 버리다
④ 本屋 　•　　　　　　• D 책방

2 다음 우리말에 맞게 빈칸에 들어갈 표현을 고르세요.

① お酒が弱いから飲み会は A あまり　B なかなか　好きじゃない。
술이 약해서 회식은 별로 좋아하지 않는다.

② メガネがなくて前が A あまり　B ぜんぜん　見えない。
안경이 없어서 앞이 전혀 보이지 않는다.

③ あのホテルは人気なので、A あまり　B なかなか　予約できない。
저 호텔은 인기라서 좀처럼 예약할 수 없다.

3 다음을 읽고 틀린 곳을 고치세요.

① タバコをなかやめられない。　　　담배를 좀처럼 끊을 수 없다.

② 忙しくてあまり旅行に行くない。　바빠서 별로 여행을 가지 못한다.

③ 図書館はぜんぜん静かくなかった。　도서관은 전혀 조용하지 않았다.

4 다음 빈칸에 알맞은 히라가나를 넣어 보세요.

① この時計は □□□ 高く □□ 。
　이 시계는 별로 비싸지 않다.

② 風邪が □□□□ よくなら □□ 。
　감기가 좀처럼 좋아지지 않는다.

③ おんせんのお湯が □□□□ 熱くない。
　온천물이 전혀 뜨겁지 않다.

JLPT N3 기출 유형 맛보기

5 다음 문장의 ( )에 들어갈 것으로 가장 적당한 것을 1·2·3·4에서 하나 고르세요.

① もう12時なのになかなか会議が (　　　)。 벌써 12시인데 좀처럼 회의가 끝나지 않는다.

1 終わる　　2 終わった　　3 終わっている　　4 終わらない

② 昨日は寒かったが、今日はあまり (　　　)。 어제는 추웠는데 오늘은 별로 춥지 않다.

1 寒い　　2 寒くない　　3 暑い　　4 暑くない

정답은 정답 체크 11p에서 확인하세요!

Day 44

また会いましょう。
다시 만납시다.

학습 체크인 | DATE

형태가 비슷한 부사 표현들을 정확하게 마스터한다.

- 반복을 나타내는 「また」 익히기
- 미완료를 나타내는 「まだ」 익히기
- 「まで」로 계속의 뉘앙스 나타내기
- 「までに」로 기한의 뉘앙스 나타내기

STEP 1 - 지금자 일본어 준비물 체크하기

✈️ 헷갈리는 부사 표현들의 특징을 익혀서 상황에 따라 적절하게 사용하여 말해 봅시다.

☑ 체크리스트   また   또, 다시

「また」는 '또, 다시 한번'이라는 의미의 부사로 한 번 했던 행동을 다시 반복할 때 쓰이는 표현입니다.

明日、また会いましょう。
내일 다시 만납시다.

また遊びに来てください。
또 놀러 오세요.

今日もまた授業に遅れてしまった。
오늘도 또 수업에 지각하고 말았다.

단어
授業 수업
遅れる 늦다, 지각하다

 まだ 아직

「まだ」는 '아직'이라는 의미의 부사로 행위가 아직 완료되지 않았음을 나타낼 때 사용하는 표현입니다. 「また(또, 다시)」와 헷갈리기 쉬우니 주의합시다.

ランチは**まだ**食べていません。
점심은 아직 안 먹었습니다.

私の日本語は**まだまだ**です。
저의 일본어는 아직 멀었습니다.

A : さとうさん、昨日お願いしたレポート、できた？
사토 씨, 어제 부탁한 리포트, 됐어?

B : いいえ、**まだ**です。
아뇨, 아직입니다.

단어
- ランチ 점심, 런치
- 昨日 어제
- お願い 부탁
- レポート 리포트
- できる (준비) 되다

 まで ~까지 시점
명사 + まで

「まで(~까지)」는 어떤 동작이나 상태가 그 시점까지 계속된다는 의미입니다. 뒤에는 「待つ(기다리다)・いる(있다)・続ける(계속하다)・働く(일하다)・休む(쉬다)」와 같은 동사들이 자주 쓰입니다.

今日の授業はここ**まで**です。　　오늘 수업은 여기까지입니다.
昨日は夜遅く**まで**仕事をしました。　어제는 밤늦게까지 일을 했습니다.
午後1時**まで**駅前で待っています。　오후 1시까지 역 앞에서 기다리고 있겠습니다.

단어
- 授業 수업
- 夜遅く 밤늦게
- 仕事 일
- 午後 오후
- 駅前 역 앞

 어떠한 일이나 상황을 강조하고 싶을 때에도 사용할 수 있습니다.
예) 雨でくつ**まで**濡れた。
비 때문에 신발까지 젖었다.

 **までに　~까지 기한**
명사 + まで

「まで(~까지)」와 달리「までに(~까지)」는 기한을 나타내는 표현으로 어떤 일이 정해진 기간 안에 일회적으로 끝나는 것을 의미합니다. 뒤에는「返す(반납하다)・提出する(제출하다)・終わる(끝나다)・結婚する(결혼하다)・出す(내다)・決める(정하다)」등의 동사들이 자주 쓰입니다.

단어
返す　돌려주다
宿題　숙제
水曜日　수요일
出す　내다
午後　오후

明日までに本を返してください。　　　　내일까지 책을 돌려주세요.

宿題は水曜日までに出してください。　　숙제는 수요일까지 내주세요.

午後1時までに学校の前に来てください。　오후 1시까지 학교 앞으로 와 주세요.

STEP 2 일본어 연습하기

쓰기　읽기　말하기

✈ 다음 어휘를 헷갈리는 표현들을 활용하여 문장을 완성해 봅시다.

도쿄 스카이트리/야경/보다　　　　東京スカイツリー/夜景/見る

➡ 또 도쿄 스카이트리의 야경을 보고 싶다.　✏ またとうきょうスカイツリーの夜景が見たい

긴자/어떻게/가다　　　　　　　　銀座/どうやって/行く

➡ 긴자까지 어떻게 갑니까?　　　　銀座までどうやって行きますか。

STEP 3 일본어 여행하기

정답 개수 ☐ / 15

1 다음 우리말에 맞게 알맞은 표현을 고르세요.

① 昨日の夜、A　また　　B　まだ　地震がありました。어젯밤 또 지진이 있었습니다.

② 駅　A　までに　　B　まで　来たら迎えに行きます。역까지 오면 마중하러 갈게요.

2 다음 어휘를 올바르게 읽은 것을 고르세요.

① 授業 수업　　A　じゅうごう　　B　じゅぎょう
② 水曜日 수요일　A　すうようび　　B　すいようび
③ 宿題 숙제　　A　しゅくだい　　B　じゅくだい
④ 午後 오후　　A　ごご　　　　　B　ごこ

3 다음을 읽고 틀린 곳을 고치세요.

① 今度まだ来よう。　　　　　　다음에 또 오자。
② 6時まで戻ります。　　　　　　6시까지 돌아가겠습니다.
③ 雨はまた降っていない。　　　　비는 아직 내리지 않는다.

4 다음 동사를 알맞은 뜻에 연결해 보세요.

① できる　・　　　　　・ A　생기다
② 返す　・　　　　　　・ B　내다
③ 遅れる　・　　　　　・ C　늦다
④ 出す　・　　　　　　・ D　돌려주다

JLPT N3 기출 유형 맛보기

5 다음 문장의 ★ 에 들어갈 것으로 가장 적당한 것을 1·2·3·4 에서 하나 고르세요.

① 新しい ____ ★ ____ ____ 。 새 메뉴는 아직 먹지 않았습니다.

　1 いません　　2 メニューは　　3 まだ　　4 食べて

② この本は ____ ____ ★ ____ 違う。 이 책은 지금까지 읽은 스토리와 다르다.

　1 読んだ　　2 と　　3 今まで　　4 ストーリー

Day 45

학습 체크인 | DATE

夜_{よる}まで待_またせる。
밤까지 기다리게 하다.

1그룹 동사와 2그룹 동사의 사역형을 마스터한다.

☝ 1그룹 동사의 사역형 익히기   ✌ 2그룹 동사의 사역형 익히기

STEP 1 · 일본어 준비물 체크하기

사역의 의미를 이해하고 사역형으로 바꾸는 방법을 익혀봅시다.

☑ 1그룹 동사의 사역형
う단 ➡ あ단 + せる

사역이란 '누군가에게 무언가를 시키는 것'을 말하며 우리말로는 주로 '~하게 하다', '~시키다'로 해석됩니다. 행위를 지시하는 표현 외에도 '놀게 하다'와 같은 허락 표현에도 사용합니다.
1그룹 동사의 사역형은 동사의 끝 う단을 あ단으로 바꾼 후 「せる」를 붙입니다.

사전형	사역형	따라 써 보기
歌_{うた}う 노래하다	歌_{うた}わせる 노래하게 하다	歌わせる
待_まつ 기다리다	待_またせる 기다리게 하다	待たせる
怒_{おこ}る 화내다	怒_{おこ}らせる 화나게 하다	怒らせる
死_しぬ 죽다	死_しなせる 죽게 하다	死なせる
遊_{あそ}ぶ 놀다	遊_{あそ}ばせる 놀게 하다	遊ばせる
読_よむ 읽다	読_よませる 읽게 하다	読ませる
書_かく 쓰다	書_かかせる 쓰게 하다	書かせる

急ぐ 서두르다	急がせる 서두르게 하다	急がせる
話す 이야기하다	話させる 이야기하게 하다	話させる
帰る 돌아가(오)다 	帰らせる 돌아가(오)게 하다	帰らせる

체크리스트 – 2그룹 동사의 사역형

る ➡ させる

2그룹 동사의 사역형은 동사의 끝 「る」를 떼고 「させる」를 붙입니다.

사전형	사역형	따라 써 보기
見る 보다	見させる 보게 하다	見させる
着る 입다	着させる 입게 하다	着させる
起きる 일어나다	起きさせる 일어나게 하다	起きさせる
食べる 먹다	食べさせる 먹게 하다	食べさせる
覚える 외우다	覚えさせる 외우게 하다	覚えさせる
考える 생각하다	考えさせる 생각하게 하다	考えさせる

STEP 2 · 일본어 연습하기

쓰기 읽기 말하기

다음 어휘를 활용하여 사역 표현의 문장을 완성해 봅시다.

쓰레기/갖고 돌아가다   ゴミ/持って帰る

➡ 쓰레기를 갖고 돌아가게 하다.   ゴミを持って帰らせる。

아사쿠사/가는 법/조사하다   浅草/行き方/調べる

➡ 아사쿠사까지 가는 법을 조사하게 하다.   浅草まで行き方を調べさせる。

STEP 3  일본어 여행하기

정답 개수 [ ] / 15

1 다음 빈칸에 알맞은 히라가나를 넣어 보세요.

① 待つ — 待□□□
   기다리다   기다리게 하다

② 急ぐ — 急□□□
   서두르다   서두르게 하다

③ 考える — 考□□□□
   생각다   생각하게 하다

2 다음 뜻에 알맞은 사역형을 연결해 보세요.

① 읽게 하다 •   • A 食べさせる

② 쓰게 하다 •   • B 読ませる

③ 입게 하다 •   • C 書かせる

④ 먹게 하다 •   • D 着させる

3 다음 동사의 사역형 활용이 맞으면 ○, 틀리면 X로 표시해 보세요.

① 歌あせる   노래하게 하다 ➡ (   )

② 見させる   보게 하다 ➡ (   )

③ 帰させる   돌아가게 하다 ➡ (   )

4 다음 그림에 맞춰 사역형을 활용하여 문장을 만들어 보세요.

① 荷物を持つ 짐을 들다

→ _____ 。

짐을 들게 하다.

② ミルクを飲む 우유를 마시다

→ _____ 。

우유를 마시게 하다.

③ グラウンドを走る 운동장을 달리다

→ _____ 。

운동장을 달리게 하다.

JLPT N3 기출 유형 맛보기

5 다음 문장의 (   )에 들어갈 것으로 가장 적당한 것을 1·2·3·4 에서 하나 고르세요.

① 部長は私に歌を(   )。 부장님은 나에게 노래를 시켰다.

1 歌った　　2 歌わない　　3 歌わせた　　4 歌えた

② 先生は学生に漢字を五つずつ(   )。 선생님은 학생에게 한자를 5개씩 외우게 한다.

1 覚える　　2 覚えない　　3 覚えられる　　4 覚えさせる

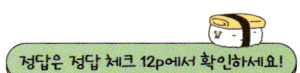

정답은 정답 체크 12p에서 확인하세요!

Day 46

東京バナナを買って来させる。
도쿄 바나나를 사 오게 하다.

3그룹 동사의 사역형을 마스터한다.

- 3그룹 동사 来る・する의 사역형 익히기
- 동사의 사역형 총정리

STEP 1 | 일본어 준비물 체크하기

사역의 의미를 이해하고 사역형으로 바꾸는 방법을 마스터해 봅시다.

3그룹 동사의 사역형 — 불규칙 활용

3그룹 동사의 사역형은 불규칙으로 활용되므로 「来させる(오게 하다)・させる(하게 하다)」 통째로 외워둡시다.

사전형	사역형	따라 써 보기
来る 오다	来させる 오게 하다	来させる
する 하다	させる 하게 하다	させる

일상생활 속에서 쓰이는 사역형 활용 예문을 살펴봅시다.

예) 車で迎えに来させる。
차로 데리러 오게 하다.

トイレのそうじをさせる。
화장실 청소를 하게 하다.

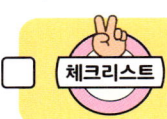 **체크리스트 동사의 사역형 총정리**

동사의 사역형 접속 방법을 그룹별로 구분하여 정리해 봅시다.

그룹	사역형 접속 방법	예
1그룹	う단을 あ단으로 바꾸고 せる 연결	歌う ➡ 歌わせる 노래하게 하다 待つ ➡ 待たせる 기다리게 하다 怒る ➡ 怒らせる 화나게 하다 死ぬ ➡ 死なせる 죽게 하다 遊ぶ ➡ 遊ばせる 놀게 하다 読む ➡ 読ませる 읽게 하다 書く ➡ 書かせる 쓰게 하다 急ぐ ➡ 急がせる 서두르게 하다 話す ➡ 話させる 이야기하게 하다
2그룹	る 떼고 させる 연결	見る ➡ 見させる 보게 하다 食べる ➡ 食べさせる 먹게 하다
3그룹	불규칙 활용	来る ➡ 来させる 오게 하다 する ➡ させる 하게 하다

 체크리스트 확인 완료!

STEP 2  일본어 연습하기

 쓰기 읽기 말하기

다음 어휘를 활용하여 사역 표현의 문장을 완성해 봅시다.

친구/도쿄 바나나/사 오다　　　　　友だち/東京バナナ/買って来る

➡ 친구에게 도쿄 바나나를 사 오게 했다.　友だちに東京バナナを買って来させた。

방/안/금연하다　　　　　　　　　部屋/中/禁煙する

➡ 방 안에서는 금연시키다.　　　　部屋の中では禁煙させる。

STEP 3  일본어 여행하기

정답 개수 ☐ / 15

1 다음 빈칸에 알맞은 히라가나를 넣어 보세요.

① 来る（く）　—　来（こ）☐☐☐
　오다　　　　오게 하다

② 怒る（おこ）　—　怒（おこ）☐☐☐
　화내다　　　화나게 하다

③ 立つ（た）　—　立（た）☐☐☐
　일어서다　　일어서게 하다

2 다음 뜻에 알맞은 사역형을 연결해 보세요.

① 자게 하다　•　　　　　• A　買わせる（か）

② 나오게 하다　•　　　　• B　歩かせる（ある）

③ 걷게 하다　•　　　　　• C　寝させる（ね）

④ 사게 하다　•　　　　　• D　出させる（で）

3 다음을 읽고 틀린 곳을 고치세요.

① テキストを読みせる。（よ）　　교과서를 읽게 하다.

② 野球をされる。（やきゅう）　　야구를 하게 하다.

③ ニュースを見らせる。（み）　　뉴스를 보게 하다.

4 다음 단어의 올바른 사역형의 읽는 법을 고르고, 밑줄에 뜻을 써 보세요.

① 行く　　A いかせる　　B いかさせる　　_____

② やめる　　A やめられる　　B やめさせる　　_____

③ 作る　　A つくらせる　　B つくさせる　　_____

JLPT N3 기출 유형 맛보기

5 다음 문장의 (　　)에 들어갈 것으로 가장 적당한 것을 1·2·3·4 에서 하나 고르세요.

① 約束に遅れて彼女を (　　　) しまった。 약속에 늦어서 그녀를 화나게 해 버렸다.

1 怒って　　2 怒らなくて　　3 怒られて　　4 怒らせて

② お母さんは娘に部屋のそうじを (　　　)。 엄마는 딸에게 방 청소를 하게 했다.

1 できた　　2 した　　3 しなかった　　4 させた

> 정답은 정답 체크 12p에서 확인하세요!

한 줄 여행 일본어

일본 여행에서 맛있는 음식과 함께 맥주는 빼 놓을 수 없죠! 이왕이면 맥주 양조장에서 마셔보면 어떨까요? 대표적인 장소로는 홋카이도 삿포로의 サッポロビール博物館(삿포로 맥주 박물관), 도쿄 에비스의 エビスビール記念館(에비스 맥주 기념관), 오사카의 アサヒビールミュージアム(아사히 맥주 박물관)가 있습니다. 일본 맥주의 역사를 알아볼 수도 있고 갓 짜낸 맥주와 어울리는 안주를 함께 먹으면 정말 완벽한 여행이 될 거예요. 그럼, 맥주 한 잔 カンパイ(건배)!

Day 47

私(わたし)にさせてください。
제가 하게 해주세요.

사역형을 활용한 표현을 마스터한다.

👆 강제로 시키는 표현 익히기   ✌ 「させてください」로 허락 구하기

STEP 1 · 신전자 일본어 준비물 체크하기

✈ 사역형의 활용 표현을 익혀서, 정중하게 허락을 구해 봅시다.

> **~(さ)せる   ~하게 하다, ~시키다**
> ~に + ~を + (さ)せる

동사의 사역형은 '~하게 하다, ~시키다'라고 해석합니다. 누군가에게 어떤 일을 강제로 시키거나 의도치 않게 하게 만든 경우, 지시·허가하거나 방임하는 경우, 어떤 일이 계기가 되어 다른 사람의 감정을 불러일으키는 경우, 타인의 동작을 도와주는 경우 등 다양하게 사용할 수 있습니다. 「~に+~を+(さ)せる」는 '~에게 ~을 ~하게 하다'라는 의미입니다.

先生(せんせい)は生徒(せいと)に本(ほん)を読(よ)ませました。
선생님은 학생에게 책을 읽게 했습니다.

医者(いしゃ)は父(ちち)にお酒(さけ)をやめさせた。
의사는 아빠에게 술을 끊게 했다.

兄(あに)は弟(おとうと)に犬(いぬ)のさんぽをさせました。
형은 남동생에게 개 산책을 시켰습니다.

단어
- 生徒(せいと) 학생
- 医者(いしゃ) 의사
- お酒(さけ) 술
- やめる 그만두다, 끊다
- 兄(あに) 형
- 弟(おとうと) 남동생
- さんぽ 산책

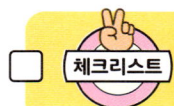

~(さ)せてください ~하게 해주세요
~(さ)せる + てください

사역형에「ください」를 연결하면 정중하게 허락을 구하는 표현이 됩니다. 또, 자신의 희망을 공손하게 나타낼 때도 사용됩니다. 이때 동작을 행하는 주체 뒤에 조사「に」가 따른다는 점을 주의해 주세요.

단어
早(はや)く 일찍
仕事(しごと) 일
ぜひ 꼭, 제발
もう一度(いちど) 다시 한번
考(かんが)える 생각하다

今日は早く帰らせてください。 오늘은 일찍 돌아가게 해주세요.
この仕事、ぜひ私にさせてください。 이 일 꼭 제가 하게 해주세요.
もう一度考えさせてください。 다시 한번 생각하게 해주세요.

STEP 2 진짜 일본어 연습하기

쓰기 / 읽기 / 말하기

 다음 어휘를 사역 표현을 활용하여 지시하거나 허락을 구하는 문장을 완성해 봅시다.

여동생/우에노 동물원/데리고 가다 — 妹(いもうと)/上野動物園(うえのどうぶつえん)/連(つ)れて行(い)く
➡ 여동생을 우에노 동물원에 데리고 가게 했다. ✏ 妹を上野動物園に連れて行かせた。

쿠폰/사용하다 — クーポン/使(つか)う
➡ 쿠폰을 사용하게 해주세요. クーポンを使わせてください。

하루/아르바이트/쉬다 — 一日(いちにち)/バイト/休(やす)む
➡ 하루만 아르바이트를 쉬게 해주세요. 一日だけバイトを休ませてください。

나리타 공항/8시/오다 — 成田空港(なりたくうこう)/8時(じ)/来(く)る
➡ 나리타 공항에 8시까지 오게 하다. 成田空港に8時まで来させる。

STEP 3  일본어 여행하기

정답 개수 ☐ / 15

1 다음 어휘를 알맞은 뜻에 연결해 보세요.

① もう一度（いちど）   •   • A 꼭
② 生徒（せいと）   •   • B 학생
③ さんぽ   •   • C 다시 한번
④ ぜひ   •   • D 산책

2 다음 동사를 활용하여 알맞은 히라가나를 넣어 보세요.

① 休（やす）む ➡ ちょっと休（やす）□□□ ください。
쉬다　　　　　　조금 쉬게 해주세요.

② 待（ま）つ ➡ 友だちを待（ま）□□□□□ 。
기다리다　　　　친구를 기다리게 했습니다.

③ 怒（おこ）る ➡ 約束（やくそく）を忘（わす）れて怒（おこ）□□□ しまった。
화내다　　　　　약속을 잊어서 화나게 해 버렸다.

3 다음 동사를 보고 우리말 의미에 맞게 바꿔 보세요.

① 書（か）く ― ＿＿＿＿＿ ― ＿＿＿＿＿
쓰다　　　　　쓰게 합니다　　　　쓰게 해주세요

② 帰（かえ）る ― ＿＿＿＿＿ ― ＿＿＿＿＿
돌아가다　　　돌아가게 합니다　　돌아가게 해주세요

③ 飲（の）む ― ＿＿＿＿＿ ― ＿＿＿＿＿
마시다　　　　마시게 합니다　　　마시게 해주세요

4 다음을 읽고 틀린 곳을 고치세요.

① ここで働かさせてください。　　여기서 일하게 해주세요.

② 兄にタバコをやめせる。　　형에게 담배를 끊게 하다.

③ 電話を使わさせてください。　　전화를 쓰게 해주세요.

JLPT N3 기출 유형 맛보기

5 다음 문장의 (　　)에 들어갈 것으로 가장 적당한 것을 1·2·3·4에서 하나 고르세요.

① 先生：今日の授業はここまでです。 오늘 수업은 여기까지입니다.
　学生：先生、一つ質問(　　　　)ください。 선생님, 하나 질문하게 해주세요.

1　させて　　2　して　　3　されて　　4　やって

② 彼女は弟にかさを(　　　　)。 그녀는 남동생에게 우산을 들게 했다.

1　持った　　2　持てた　　3　持たせた　　4　持たれた

정답은 정답 체크 12p에서 확인하세요!

한 줄 여행 일본어

일본식 온천 여관 '료칸(旅館)'에서 써 볼 수 있는 어휘, 잠깐 체크하고 제대로 즐겨 보세요!
和室 일본식 다다미방 ｜ 洋室 서양식 침대방 ｜ 露天風呂付き客室 노천탕 딸린 객실 ｜ 部屋食 객실에서 하는 식사

A : あのう、露天風呂付き客室を予約したいですが。 노천탕이 딸린 객실을 예약하고 싶은데요.
B : ご希望の宿泊日とご利用人数をお願いいたします。 원하시는 숙박 날짜와 숙박 인원을 말씀해 주세요.

Day 48

학습 체크인 | DATE

先生に叱られる。
선생님한테 혼나다.

1그룹 동사와 2그룹 동사의 수동형을 마스터한다.

 1그룹 동사의 수동형 익히기　　 2그룹 동사의 수동형 익히기

STEP 1 진짜 일본어 준비물 체크하기

수동의 의미를 이해하고 동사를 수동형으로 바꾸는 방법을 익혀봅시다.

 1그룹 동사의 수동형
う단 ➡ あ단 + れる

수동이란 상대로부터 어떠한 행동이나 작용을 받게 되는 경우를 말하고, 당하는 쪽이 주어가 됩니다. 우리말로는 '~당하다, ~받다, ~되다, ~지다' 등의 여러 가지 의미가 있습니다.
1그룹 동사의 수동형은 동사의 끝 う단을 あ단으로 바꾼 후 「れる」를 붙입니다.

사전형	수동형	따라 써 보기
使う 사용하다	使われる 사용되다	使われる
打つ 치다, 때리다	打たれる 맞다	打たれる
叱る 꾸짖다	叱られる 혼나다, 야단맞다	叱られる
死ぬ 죽다	死なれる 여의다, (~이/가) 죽다	死なれる
呼ぶ 부르다	呼ばれる 불리다	呼ばれる
頼む 부탁하다	頼まれる 부탁받다	頼まれる
書く 쓰다	書かれる 쓰이다	書かれる

脱ぐ 벗다	脱がれる 벗겨지다	脱がれる
押す 누르다, 밀다	押される 눌리다, 밀리다	押される
知る 알다 (예외 1그룹!)	知られる 알려지다	知られる

 **2그룹 동사의 수동형**

る ➡ られる

2그룹 동사의 수동형은 동사의 끝 「る」를 떼고 「られる」를 붙입니다.

사전형	수동형	따라 써 보기
見る 보다	見られる 보여지다	見られる
食べる 먹다	食べられる 먹히다	食べられる
ほめる 칭찬하다	ほめられる 칭찬받다	ほめられる
助ける 돕다	助けられる 도움받다	助けられる
建てる 세우다	建てられる 세워지다	建てられる
捨てる 버리다	捨てられる 버려지다	捨てられる

 체크리스트 확인완료!

 **STEP 2** 진짜자 **일본어 연습하기**

 쓰기 읽기 말하기

✈ 다음 어휘를 활용하여 수동 표현의 문장을 완성해 봅시다.

홋카이도/설국/부르다   北海道/雪国/呼ぶ

➡ 홋카이도는 설국이라고 불린다.   北海道は雪国と呼ばれる。

요코하마/항구 도시   横浜/港町/知る

➡ 요코하마는 항구 도시로 알려져 있다.   横浜は港町で知られている。

STEP 3  일본어 여행하기

정답 개수 [　] / 15

1 다음 빈칸에 알맞은 히라가나를 넣어 보세요.

① 叱る(しか) — 叱(しか)□□□
　꾸짖다　　　　야단맞다

② 呼ぶ(よ) — 呼(よ)□□□
　부르다　　　　불리다

③ 食べる(た) — 食(た)□□□□
　먹다　　　　　먹히다

2 다음 뜻에 알맞은 수동형을 연결해 보세요.

① 칭찬받다　•　　　　　• A 見(み)られる

② 보여지다　•　　　　　• B ほめられる

③ 쓰이다　•　　　　　• C 押(お)される

④ 밀리다　•　　　　　• D 書(か)かれる

3 다음 동사의 수동형 활용이 맞으면 ◯, 틀리면 X로 표시해 보세요.

① 脱(ぬ)がれる　벗겨지다　➡　(　　)

② 助(たす)けれる　도움받다　➡　(　　)

③ 使(つか)あれる　사용되다　➡　(　　)

3

5 다음 그림에 맞춰 보기를 활용하여 문장을 만들어 보세요.

> **보기**
> おもちゃ 장난감 | 壊す 부수다 | パーティー 파티 |
> 開く 열다 | 足 발 | ふむ 밟다

① ➡ _____。 
장난감이 부숴지다.

② ➡ _____。 
파티가 열리다.

③ ➡ _____。 
발을 밟히다.

JLPT N3 기출 유형 맛보기

5 다음 문장의 ★ 에 들어갈 것으로 가장 적당한 것을 1·2·3·4 에서 하나 고르세요.

① この店の ____ ★ ____ ____ いる。
이 가게의 가방은 전부 재활용품으로 만들어져 있다.

1 リサイクル品で 2 全部 3 かばんは 4 作られて

② ホテルに ____ ____ ★ ____ いました。
호텔에 돌아왔더니 방이 깨끗하게 정리되어 있었습니다.

1 きれいに 2 帰ってきたら 3 部屋が 4 片づけられて

정답은 정답 체크 12p에서 확인하세요!

Day 49

학습 체크인 | DATE

友(とも)だちに招待(しょうたい)された。
친구에게 초대받았다.

3그룹 동사의 수동형을 마스터한다.

 3그룹 동사 来る・する의 수동형 익히기

 동사의 수동형 총정리

STEP 1 _진짜_ 일본어 준비물 체크하기

✈ 수동의 의미를 이해하고 동사를 수동형으로 바꾸는 방법을 마스터해 봅시다.

☐ 체크리스트 3그룹 동사의 수동형
불규칙 활용

3그룹 동사의 수동형은 불규칙으로 활용되므로 「来(こ)られる(오다)・される(당하다)」 통째로 외워 사용해 보세요.

사전형	수동형	따라 써 보기
来(く)る 오다	来(こ)られる 오다(누군가 오는 것을 당하다)	来られる
する 하다	される 당하다	される

 「来(く)る(오다)」의 경우 '~당하다, ~되다, ~지다, ~받다'와 같이 일반적인 수동형처럼 해석하면 문장이 부자연스러워집니다. 따라서 「来(こ)られる(오다)」는 일반 동사의 뜻과 동일하게 '오다'라고 해석하지만, '누군가로부터 오는 것을 당하다'라는 뉘앙스가 포함되어 있다는 것을 꼭 기억해 주세요.

 ## 동사의 수동형 총정리

동사의 수동형 접속 방법을 그룹별로 구분하여 정리해 봅시다.

그룹	수동형 접속 방법	예
1그룹	う단을 あ단으로 바꾸고 れる 연결	使う ➡ 使われる 사용되다 打つ ➡ 打たれる 맞다 叱る ➡ 叱られる 혼나다 死ぬ ➡ 死なれる 여의다 呼ぶ ➡ 呼ばれる 불리다 頼む ➡ 頼まれる 부탁받다 書く ➡ 書かれる 쓰이다 脱ぐ ➡ 脱がれる 벗겨지다 押す ➡ 押される 눌리다
2그룹	る 떼고 られる 연결	見る ➡ 見られる 보여지다 ほめる ➡ ほめられる 칭찬받다
3그룹	불규칙 활용	来る ➡ 来られる 오다(누군가 오는 것을 당하다) する ➡ される 당하다

STEP 2  일본어 연습하기

쓰기 읽기 말하기
☐ ☐ ☐

 다음 어휘를 활용하여 수동 표현의 문장을 완성해 봅시다.

알다/길/묻다　　　　　　　　　　知る/道/聞く

➡ 모르는 사람이 길을 물었다.　　　知らない人に道を聞かれた。

이케부쿠로행/리무진 버스/안내하다　池袋行き/リムジンバス/案内する

➡ 이케부쿠로행 리무진 버스를 안내받았다.　池袋行きのリムジンバスを案内された。

STEP 3  일본어 여행하기

정답 개수 ☐ / 15

1 다음 빈칸에 알맞은 히라가나를 넣어 보세요.

① 来る — 来☐☐☐
　오다　　오다(누군가 오는 것을 당하다)

② 怒る — 怒☐☐☐
　화내다　　야단맞다

③ 誘う — 誘☐☐☐
　권유하다　　권유받다

2 다음 뜻에 알맞은 수동형을 연결해 보세요.

① 먹히다　•　　　　•　A 食べられる

② 맞다　　•　　　　•　B 叱られる

③ 혼나다　•　　　　•　C 打たれる

④ 밟히다　•　　　　•　D ふまれる

3 다음을 읽고 틀린 곳을 고치세요.

① ぼうしが脱がられました。　　모자가 벗겨졌습니다.

② 友だちに招待られた。　　　　친구에게 초대받았다.

③ 部長に頼まられました。　　　부장님한테 부탁받았습니다.

4 다음 단어의 올바른 수동형의 읽는 법을 고르고, 밑줄에 뜻을 써 보세요.

① 言う　　A いあれる　　B いわれる　　_____

② 押す　　A おされる　　B おさられる　　_____

③ 作る　　A つくられる　　B つくさせる　　_____

JLPT N3 기출 유형 맛보기

5 다음 문장의 (　)에 들어갈 것으로 가장 적당한 것을 1·2·3·4 에서 하나 고르세요.

① カラオケに行こうと（　　　）が、忙しくて行けなかった。
노래방에 가자고 권유받았지만 바빠서 갈 수 없었다.

1 誘った　　2 誘わない　　3 誘う　　4 誘われた

② 会社をやめると言ったら、父に反対（　　　）。
회사를 그만둔다고 말했더니 아빠한테 반대당했다.

1 された　　2 した　　3 させた　　4 していた

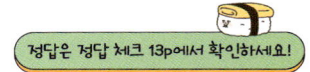
정답은 정답 체크 13p에서 확인하세요!

한 줄 여행 일본어

오코노미야키(일본식 부침 요리) 토핑을 고를 때 꼭 필요한 어휘, 지금 바로 체크해 볼까요?

イカ 오징어 ｜ エビ 새우 ｜ 豚バラ 삼겹살 ｜ チーズ 치즈 ｜ 天かす 튀김 가루(찌꺼기)

A : トッピングは何になさいますか。 토핑은 무엇으로 하시겠습니까?
B : エビと豚バラでお願いします。 새우와 삼겹살로 주세요.

Day 50

학습 체크인 | DATE

手をかまれました。
손을 물렸습니다.

수동형의 다양한 뉘앙스를 마스터한다.

 동작을 당하는 사람의 입장에서 말하기

 피해를 강조하는 뉘앙스로 말하기

✌️ 객관적인 사실 말하기

STEP 1 — 진짜 일본어 준비물 체크하기

✈️ 수동 표현의 다양한 뉘앙스를 익혀, 동작을 받는 대상의 입장에서 자유롭게 말해 봅시다.

〜(ら)れる ~당하다 **직접 수동**
〜に + 〜(ら)れる

동사의 수동형은 어떤 동작을 당하거나 받는 사람의 입장을 중심으로 말하는 표현입니다. 이때 동작을 행하는 사람 또는 대상 뒤에는 조사 「に」를 붙이며 '~한테, ~에게'라고 해석합니다.

犬に手をかまれました。   개한테 손을 물렸습니다.
電車の中で隣の人に足をふまれた。 전철 안에서 옆 사람에게 발을 밟혔다.
先生に日本語をほめられました。 선생님에게 일본어를 칭찬받았습니다.

단어
手 손
かむ 물다
電車 전철
隣の人 옆 사람
足 발
ふむ 밟다
ほめる 칭찬하다

 수동문은 당하는 사람의 입장에서 말하는 표현이며 '나' 자신이 당하는 경우에는 생략되는 경우가 많다.

 **~(ら)れる** ~당하다 피해 수동

~に + ~(ら)れる

수동문 중에서 '피해 수동'은 동작을 받는 사람이 곤란하거나 불쾌함 또는 유감을 느끼는 등 강한 피해를 입었다는 뉘앙스가 담겨있는 표현입니다. 우리말로 직역을 하면 어색하므로 해석할 때는 능동으로 해석하는 것이 자연스럽습니다.

단어
こまる 곤란하다
子犬(こいぬ) 강아지
一日中(いちにちじゅう) 하루 종일
泣(な)く 울다
赤(あか)ちゃん 아기

雨(あめ)に降(ふ)られてこまりました。 비를 맞아서 곤란했습니다.
子犬(こいぬ)に死(し)なれて一日中(いちにちじゅう)泣(な)いた。 강아지가 죽어서 하루 종일 울었다.
赤(あか)ちゃんに泣(な)かれて寝(ね)られなかった。 아이가 울어서 잘 수 없었다.

주어가 어떤 행동을 당하는 경우에 수동 표현을 사용하지만, 주어가 동작을 스스로 하는 경우에는 능동 표현을 사용합니다.

예) 雨(あめ)が降(ふ)りました。 비가 내렸습니다. `보통 문장(능동문)`
  雨(あめ)に降(ふ)られました。 비를 맞았습니다(곤란했습니다). `수동문`

 **~(ら)れる** ~지다, ~되다 주어가 사람이 아닌 수동

(~から/~によって) + ~(ら)れる

수동문에서 '전기는 에디슨에 의해 발명되었다'처럼 무생물이 주어일 때는 보통 일반적인 사실을 표현하며, '~지다, ~되다'로 해석됩니다. 동작의 주체를 명확히 나타낼 경우에는 「~によって(~에 의해서)」를 사용하기도 합니다.

단어
寺(てら) 절
建(た)てる 짓다
テーブル 테이블
作(つく)る 만들다
小説(しょうせつ) 소설
夏目漱石(なつめそうせき) 나쓰메 소세키(소설가)
によって ~에 의해(서)

あの寺(てら)は100年前(ねんまえ)に建(た)てられた。 저 절은 100년 전에 지어졌다.
このテーブルは木(き)から作(つく)られました。 이 테이블은 나무로 만들어졌습니다.
この小説(しょうせつ)は夏目漱石(なつめそうせき)によって書(か)かれた。 이 소설은 나쓰메 소세키에 의해 쓰였다.

STEP 2 일본어 연습하기

다음 어휘를 활용하여 다양한 뉘앙스의 수동 표현 문장을 완성해 봅시다.

까마귀/과자/잡다   からす/お菓子/取る
➡ 까마귀에게 과자를 빼앗겼다.   からすにお菓子を取られた。

비가 오다/붕어빵/먹다   雨が降る/たいやき/食べる
➡ 비를 맞아서 붕어빵을 먹을 수 없었다.   雨に降られてたいやきが食べられなかった。

STEP 3 일본어 여행하기

정답 개수 ☐ / 15

1 다음 동사를 알맞은 뜻에 연결해 보세요.

① かむ ・   ・ A 물다
② こまる ・   ・ B 곤란하다
③ ふむ ・   ・ C 칭찬하다
④ ほめる ・   ・ D 밟다

2 다음 우리말에 맞게 알맞은 표현을 고르세요.

① 子ねこ A に B が 手をかまれました。
아기 고양이한테 손을 물렸습니다.

② このワインは梅 A から B に 作られました。
이 와인은 매실로 만들어졌습니다.

③ 子供 A に B が 泣かれて仕事ができなかった。
아이가 울어서 일을 할 수 없었다.

3 다음 그림에 맞춰 빈칸에 알맞은 히라가나를 넣어 보세요.

1
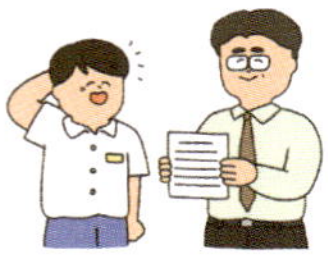

先生(せんせい) □ 作文(さくぶん) □ ほめられました。

선생님에게 작문을 칭찬받았습니다.

2
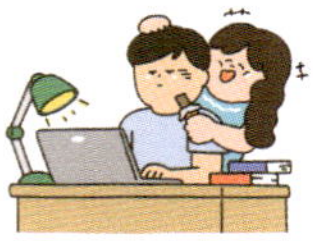

友(とも)だち □ 来(こ) □□□ 勉強(べんきょう)できなかった。

친구가 와서 공부할 수 없었다.

3
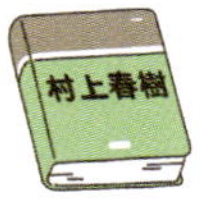

この本(ほん)は村上春樹(むらかみはるき) □□□□ 書(か)かれた。

이 책은 무라카미 하루키에 의해 쓰였다.

4 다음을 읽고 틀린 곳을 고치세요.

1 山本(やまもと)さんに日本語(にほんご)を教(おし)えされた。　야마모토 씨에게 일본어를 가르침 받았다.

2 バスの中(なか)で隣(となり)の人(ひと)に押(お)させた。　버스 안에서 옆 사람에게 밀렸다.

3 雨(あめ)が降(ふ)られて風邪(かぜ)をひきました。　비가 와서 감기에 걸렸습니다.

JLPT N3 기출 유형 맛보기

5 다음 문장의 (　　)에 들어갈 것으로 가장 적당한 것을 1·2·3·4에서 하나 고르세요.

1 飛行機(ひこうき)はライト兄弟(きょうだい)(　　　　)作(つく)られた。 비행기는 라이트 형제에 의해서 만들어졌다.

1 から　　2 で　　3 によって　　4 が

2 ここはテレビで(　　　　)ラーメン屋(や)です。 여기는 TV에서 소개된 라면 가게입니다.

1 紹介(しょうかい)された　　2 紹介(しょうかい)させた　　3 紹介(しょうかい)されて　　4 紹介(しょうかい)させて

정답은 정답 체크 13p에서 확인하세요!

Day 51

학습 체크인 | DATE

お酒を飲ませられた。
술을 어쩔 수 없이 마셨다.

1그룹 동사와 2그룹 동사의 사역수동형을 마스터한다.

- 1그룹 동사의 사역수동형 익히기
- 2그룹 동사의 사역수동형 익히기

STEP 1 · 진짜 일본어 준비물 체크하기

사역수동의 의미를 이해하고 동사를 사역수동형으로 바꾸는 방법을 익혀봅시다.

1그룹 동사의 사역수동형
う단 ➡ あ단 + せられる

사역수동형은 사역의 '시키다'에 수동의 '당하다'가 합쳐진 형태로, 상대방이 시켜서 행동하는 경우에 사용합니다. 「~(さ)せられる」는 우리말로 '(상대방이 시켜서) 억지로 ~하다, 무리하게 ~하다'라고 해석됩니다.
1그룹 동사의 사역수동형은 동사의 끝 う단을 あ단으로 바꾼 후 「せられる」를 붙입니다.

사전형	사역수동형	따라 써 보기
歌う 노래하다	歌わせられる (어쩔 수 없이) 노래하다	歌わせられる
待つ 기다리다	待たせられる (어쩔 수 없이) 기다리다	待たせられる
おどる 춤추다	おどらせられる (어쩔 수 없이) 춤추다	おどらせられる
死ぬ 죽다	死なせられる (어쩔 수 없이) 죽다	死なせられる
呼ぶ 부르다	呼ばせられる (어쩔 수 없이) 부르다	呼ばせられる
飲む 마시다	飲ませられる (어쩔 수 없이) 마시다	飲ませられる
書く 쓰다	書かせられる (어쩔 수 없이) 쓰다	書かせられる

泳ぐ 헤엄치다	泳がせられる (어쩔 수 없이) 헤엄치다	泳がせられる
話す 이야기하다	話させられる (어쩔 수 없이) 이야기하다	話させられる
帰る 돌아가(오)다 _{예외 1그룹!}	帰らせられる (어쩔 수 없이) 돌아가(오)다	帰らせられる

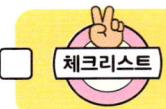

2그룹 동사의 사역수동형
る ➡ させられる

2그룹 동사의 사역수동형은 동사의 끝 「る」를 떼고 「させられる」를 붙입니다.

사전형	사역수동형	따라 써 보기
見る 보다	見させられる (어쩔 수 없이) 보다	見させられる
着る 입다	着させられる (어쩔 수 없이) 입다	着させられる
起きる 일어나다	起きさせられる (어쩔 수 없이) 일어나다	起きさせられる
食べる 먹다	食べさせられる (어쩔 수 없이) 먹다	食べさせられる
やめる 그만두다	やめさせられる (어쩔 수 없이) 그만두다	やめさせられる
片づける 정리하다	片づけさせられる (어쩔 수 없이) 정리하다	片づけさせられる

STEP 2 — 진짜 일본어 연습하기

쓰기 / 읽기 / 말하기

다음 어휘를 활용하여 사역수동 표현의 문장을 완성해 봅시다.

렌터카/빌리다   レンタカー/借りる
➡ 렌터카를 어쩔 수 없이 빌렸습니다.   レンタカーを借りさせられた。

택시비/지불하다   タクシー代/払う
➡ 택시비를 어쩔 수 없이 지불했다.   タクシー代を払わせられた。

STEP 3 일본어 여행하기

 정답 개수 ☐ / 15

1 다음 빈칸에 알맞은 히라가나를 넣어 보세요.

① 待つ — 待☐☐☐☐☐
  기다리다   (어쩔 수 없이) 기다리다

② 着る — 着☐☐☐☐
  입다   (어쩔 수 없이) 입다

③ 捨てる — 捨☐☐☐☐☐
  버리다   (어쩔 수 없이) 버리다

2 다음 뜻에 알맞은 사역수동형을 연결해 보세요.

① (어쩔 수 없이) 그만두다 •   • A 歌わせられる

② (어쩔 수 없이) 먹다 •   • B おどらせられる

③ (어쩔 수 없이) 노래하다 •   • C 食べさせられる

④ (어쩔 수 없이) 춤추다 •   • D やめさせられる

3 다음 동사의 사역수동형 활용이 맞으면 ○, 틀리면 X로 표시해 보세요.

① 片づけされる   (어쩔 수 없이) 정리하다   ➡   (   )

② 読ませられる   (어쩔 수 없이) 읽다   ➡   (   )

③ 帰らさせられる   (어쩔 수 없이) 돌아가다   ➡   (   )

4 다음 그림에 맞춰 사역수동형을 활용하여 문장을 만들어 보세요.

① おみやげを買う　선물을 사다

➡ _____。

어쩔 수 없이 선물을 사다.

② 飲み会に行く　회식에 가다

➡ _____。

어쩔 수 없이 회식에 가다.

③ 早く起きる　일찍 일어나다

➡ _____。

어쩔 수 없이 일찍 일어나다.

JLPT N3 기출 유형 맛보기

5 다음 문장의 (　)에 들어갈 것으로 가장 적당한 것을 1・2・3・4 에서 하나 고르세요.

① お酒が弱いのに社長にたくさん(　　　　)。

술이 약한데 사장님 때문에 어쩔 수 없이 많이 마셨다.

1　飲ませられた　　2　飲ませた　　3　飲んだ　　4　飲まれた

② レポートを書くために面白くない映画を(　　　　)。

리포트를 쓰기 위해서 재밌지 않은 영화를 어쩔 수 없이 봤다.

1　見せた　　2　見られた　　3　見せられた　　4　見させられた

정답은 정답 체크 13p에서 확인하세요!

Day 52

학습 체크인 | DATE

毎日練習させられる。
매일 어쩔 수 없이 연습하다.

3그룹 동사의 사역수동형을 마스터한다.

 3그룹 동사 来る・する의 사역수동형 익히기

 동사의 사역수동형 총정리

STEP 1 진짜자 일본어 준비물 체크하기

✈️ 사역수동의 의미를 이해하고 동사를 사역수동형으로 바꾸는 방법을 익혀봅시다.

☐ 3그룹 동사의 사역수동형
불규칙 활용

3그룹 동사의 사역수동형은 불규칙으로 활용되므로 「来させられる(어쩔 수 없이 오다)・させられる(어쩔 수 없이 하다)」 통째로 외워둡시다.

사전형	사역수동형	따라 써 보기
来る 오다	来させられる (어쩔 수 없이) 오다	来させられる
する 하다	させられる (어쩔 수 없이) 하다	させられる

사역형과 사역수동형을 비교하면 다음과 같습니다.

보통 문장 そうじをする。 청소를 하다. (내가 스스로 청소를 하다)
사역 문장 そうじをさせる。 청소를 하게 하다. (남에게 청소를 하게 하다)
사역수동 문장 そうじをさせられる。 억지로 청소를 하다. (내가 청소하지만 억지로 청소하다)

 **동사의 사역수동형 총정리**

동사의 사역수동형 접속 방법을 그룹별로 구분하여 정리해 봅시다.

그룹	사역수동형 접속 방법	예
1그룹	あ단으로 바꾸고 せられる 연결 「あ단+される」로 축약 가능 **예외**	歌う ➡ 歌わせられる 억지로 노래하다 待つ ➡ 待たせられる 억지로 기다리다 おどる ➡ おどらせられる 억지로 춤추다 死ぬ ➡ 死なせられる 억지로 죽다 呼ぶ ➡ 呼ばせられる 억지로 부르다 読む ➡ 読ませられる 억지로 읽다 書く ➡ 書かせられる 억지로 쓰다 泳ぐ ➡ 泳がせられる 억지로 헤엄치다 話す ➡ 話させられる 억지로 이야기하다
2그룹	る 떼고 させられる 연결	見る ➡ 見させられる 억지로 보다 やめる ➡ やめさせられる 억지로 그만두다
3그룹	불규칙 활용	来る ➡ 来させられる 억지로 오다 する ➡ させられる 억지로 하다

 1그룹 동사의 사역수동형 「せられる」는 「される」로 축약해서 사용할 수 있습니다.
단, 「す」로 끝나는 동사와 2그룹, 3그룹 동사는 「される」 형태로 바꿀 수 없습니다.

예 待つ 기다리다 ➡ 待たせられる = 待たされる
   話す 이야기하다 ➡ 話させられる ≠ 話さされる(X)

STEP 2 — 일본어 연습하기

쓰기 ☐ 읽기 ☐ 말하기 ☐

 다음 어휘를 활용하여 사역수동 표현의 문장을 완성해 봅시다.

후쿠오카/가이드/하다 　　　　福岡(ふくおか)/ガイド/する

➡ 후쿠오카의 가이드를 어쩔 수 없이 했다. 　✏ 福岡のガイドをさせられた。

초밥/안/고추냉이/먹다 　　　　すし/中(なか)/わさび/食(た)べる

➡ 초밥 안에 있는 고추냉이를 억지로 먹었다. 　すしの中にあるわさびを食べさせられた。

모두/앞/노래하다 　　　　みんな/前(まえ)/歌(うた)う

➡ 모두 앞에서 억지로 노래했다. 　みんなの前で歌わせられた。

STEP 3 — 일본어 여행하기

정답 개수 ☐ / 15

1 다음 빈칸에 알맞은 히라가나를 넣어 보세요.

① 来(く)る — 来(こ)☐☐☐☐☐
　오다　　(어쩔 수 없이) 오다

② 寝(ね)る — 寝(ね)☐☐☐☐☐
　자다　　(어쩔 수 없이) 자다

③ 出(で)る — 出(で)☐☐☐☐☐
　나오다　(어쩔 수 없이) 나오다

2 다음 단어의 올바른 사역수동형의 읽는 법을 고르고, 밑줄에 뜻을 써 보세요.

① 聞く　　A きかせられる　　B きかさせられる　　✏ _____

② 入る　　A はいらせられる　　B はいらさせられる　　_____

③ する　　A せられる　　B させられる　　_____

3 다음 뜻에 알맞은 사역수동형을 연결해 보세요.

① (어쩔 수 없이) 조사하다 •　　　　　　　• A 走らせられる

② (어쩔 수 없이) 보다 •　　　　　　　　• B 調べさせられる

③ (어쩔 수 없이) 타다 •　　　　　　　　• C 見させられる

④ (어쩔 수 없이) 달리다 •　　　　　　　　• D 乗らせられる

4 다음을 읽고 틀린 곳을 고치세요.

① お金を払あせられた。　　　어쩔 수 없이 돈을 냈다.

② 毎日練習せられた。　　　매일 어쩔 수 없이 연습했다.

③ 車を止めせられた。　　　어쩔 수 없이 차를 세웠다.

JLPT N3 기출 유형 맛보기

5 다음 문장의 ( )에 들어갈 것으로 가장 적당한 것을 1·2·3·4 에서 하나 고르세요.

① コンクールに出るために毎日ピアノの練習を（　　　）。
콩쿠르에 나가기 위해서 매일 피아노 연습을 어쩔 수 없이 했다.

1 された　　　2 やった　　　3 やられた　　　4 させられた

② 財布を忘れて友だちにお金を（　　　）。
지갑을 잃어버려서 친구에게 돈을 어쩔 수 없이 빌렸다.

1 返した　　　2 借りられた　　　3 返させられた　　　4 借りさせられた

Day 53

社長に働かせられた。
사장님 때문에 어쩔 수 없이 일했다.

사역수동형의 다양한 형태를 마스터한다.

 억지로 한 행동에 대해 말하기

 억지로 한 행동을 간략하게 「される」로 줄여 말하기

STEP 1 일본어 준비물 체크하기

✈️ 사역수동 표현을 사용해서 어쩔 수 없이 하게 된 행동을 자유롭게 말해 봅시다.

> **〜(さ)せられる** 어쩔 수 없이 ~하다
> 〜に + 〜(さ)せられる

누군가가 시켜서 어쩔 수 없이 행동한다는 뉘앙스를 담고 있는 사역수동 문장은 「〜に + (〜を) + 〜(さ)せられる」 구조를 갖습니다. 시키는 사람에게 조사 「に」를 붙인다는 것을 꼭 기억하세요. 직역을 하면 '~에게 ~을 시킴을 당하다'이며, 즉 '마지못해 어쩔 수 없이 ~하다'가 됩니다.

祖母に野菜を食べさせられた。
할머니 때문에 채소를 억지로 먹었다.
(할머니에게 채소를 먹게 함을 당했다.)

休みなのに、社長に働かせられた。
쉬는 날인데 사장님 때문에 어쩔 수 없이 일했다.
(쉬는 날인데 사장님에게 일하게 함을 당했다.)

飲み会で先輩にお酒を飲ませられた。
회식에서 선배 때문에 술을 어쩔 수 없이 마셨다.
(회식에서 선배에게 술 마시게 함을 당했다.)

단어
- 祖母 할머니
- 野菜 채소
- 休み 쉬는 날
- 社長 사장님
- 働く 일하다
- 飲み会 회식
- 先輩 선배
- お酒 술

 **~される 어쩔 수 없이 ~하다**
~に + ~される

1그룹 동사의 경우에는 「せられる」를 「される」로 줄여서 말할 수 있습니다. 단, す로 끝나는 1그룹 동사와 2, 3그룹 동사는 줄여 말할 수 없습니다.

友だちに1時間も待たされた。
친구 때문에 1시간이나 어쩔 수 없이 기다렸다.
(친구에게 1시간이나 기다리게 함을 당했다.)

店員にいらない服を買わされた。
점원 때문에 필요 없는 옷을 억지로 샀다.
(점원에게 필요 없는 옷을 사게 함을 당했다.)

彼女に重い荷物を持たされた。
여자친구 때문에 무거운 짐을 어쩔 수 없이 들었다.
(여자친구에게 무거운 짐을 들게 함을 당했다.)

단어
店員 점원
いる 필요하다
服 옷
買う 사다
重い 무겁다
荷物 짐

STEP 2 진짜자 일본어 연습하기

다음 어휘를 활용하여 사역수동 표현의 문장을 완성해 봅시다.

아들/애니메이션/보다   むすこ/アニメ/見る
➡ 아들 때문에 애니메이션을 억지로 봤다.   むすこにアニメを見させられた。

여자친구/파르페/먹다   彼女/パフェ/食べる
➡ 여자친구 때문에 억지로 파르페를 먹었다.   彼女にパフェを食べさせられた。

아빠/남동생/오사카성/데리고 가다   父/弟/大阪城/つれて行く
➡ 아빠 때문에 남동생을 오사카성에 어쩔 수   父に弟を大阪城につれて行かされた。
없이 데리고 갔다.

누나/사진/찍다   姉/写真/撮る
➡ 누나 때문에 사진을 억지로 찍었다.   姉に写真を撮らされた。

STEP 3  일본어 여행하기

정답 개수 ☐ / 15

1 다음 어휘를 알맞은 뜻에 연결해 보세요.

① 先輩(せんぱい) •　　　　　• A 채소

② 荷物(にもつ) •　　　　　• B 짐

③ 野菜(やさい) •　　　　　• C 점원

④ 店員(てんいん) •　　　　　• D 선배

2 다음 1그룹 동사의 사역수동형을 축약형으로 바꿔 보세요.

① 作(つく)らせられる ➡

　어쩔 수 없이 만들다

② 買(か)わせられる ➡

　어쩔 수 없이 사다

③ 帰(かえ)らせられる ➡

　어쩔 수 없이 돌아가다

3 다음 1그룹 동사의 사역수동형을 올바른 축약형으로 읽는 법을 골라 보세요.

① 使(つか)わせられる　어쩔 수 없이 사용하다　　A 使(つか)わせれる　B 使(つか)わされる

② 読(よ)ませられる　어쩔 수 없이 읽다　　A 読(よ)まされる　B 読(よ)ませれる

③ 急(いそ)がせられる　어쩔 수 없이 서두르다　　A 急(いそ)がられる　B 急(いそ)がされる

4 다음 그림에 맞춰 빈칸에 알맞은 히라가나를 넣어 보세요.

① 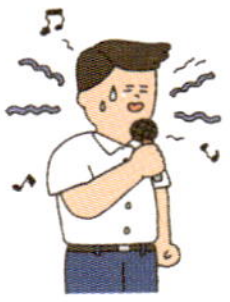 歌が下手なのに、部長 ☐ 歌 ☐☐☐☐。
노래를 못하는데 부장님 때문에 어쩔 수 없이 노래했다.

② 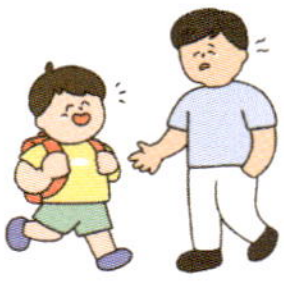 母 ☐ 弟を迎えに行 ☐☐☐☐。
엄마 때문에 남동생을 어쩔 수 없이 데리러 갔다.

③ 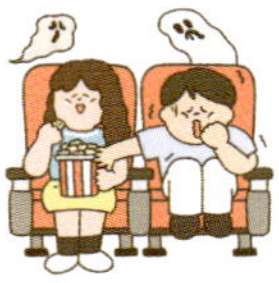 彼女 ☐ ホラー映画を見 ☐☐☐☐。
여자친구 때문에 호러 영화를 어쩔 수 없이 봤다.

JLPT N3 기출 유형 맛보기

5 다음 문장의 ★ 에 들어갈 것으로 가장 적당한 것을 1·2·3·4 에서 하나 고르세요.

① 先輩に ____ ★ ____ ____ できなかった。
선배 때문에 이사를 어쩔 수 없이 도와서 전혀 쉴 수 없었다.

1 ぜんぜん　　2 引っ越しを　　3 休むことが　　4 手伝わされて

② 父に ____ ____ ★ ____ させられた。
아빠 때문에 억지로 장 보러 갔는데 방 청소까지 억지로 했다.

1 買いものに　　2 部屋の　　3 行かされたが　　4 そうじまで

Day 54

どうぞめしあがってください。
어서 드세요.

존경어의 특징을 마스터한다.

 존경어의 특징 익히기   특별한 존경어 익히기

STEP 1 — 일본어 준비물 체크하기

경어 표현 중 존경어의 특징을 이해하고, 상대방에게 사용해 봅시다.

존경어의 특징

경어는 상대방에게 존경을 표하는 것을 말합니다. 경어에는 존경어, 겸양어, 정중어가 있는데, 그 중 존경어는 상대를 직접 높일 때 쓰이는 표현이며, 정중어는 です・ます체를 사용합니다.

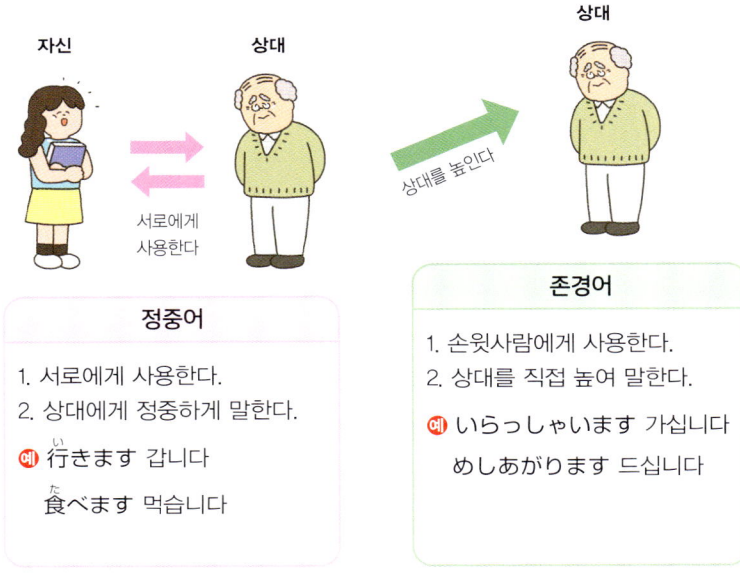

정중어
1. 서로에게 사용한다.
2. 상대에게 정중하게 말한다.
   예) 行きます 갑니다
   　　食べます 먹습니다

존경어
1. 손윗사람에게 사용한다.
2. 상대를 직접 높여 말한다.
   예) いらっしゃいます 가십니다
   　　めしあがります 드십니다

✌️ 체크리스트 — 특별한 존경어

일부 동사의 경우, 존경어를 표현할 때 특별한 형태를 가집니다. 특수한 형태를 가지고 있는 경어 동사는 그대로 외워 두어야 합니다.

사전형	존경어	따라 써 보기
行く・来る・いる 가다・오다・있다	いらっしゃる 가시다・오시다・계시다	いらっしゃる
食べる・飲む 먹다・마시다	めしあがる 드시다	めしあがる
言う 말하다	おっしゃる 말씀하시다	おっしゃる
くれる 주다	くださる 주시다	くださる
見る 보다	ご覧になる 보시다	ご覧になる
知っている 알고 있다	ご存じだ 알고 계시다	ご存じだ
する 하다	なさる 하시다	なさる

꿀팁! 존경을 나타내는 특수 존경 동사 중 「なさる・おっしゃる・くださる」는 ます형이 「り」가 아니라 「い」로 바뀌는 것에 주의하세요.

예) なさる 하시다 ➡ なさいます 하십니다
おっしゃる 말씀하시다 ➡ おっしゃいます 말씀하십니다
くださる 주시다 ➡ くださいます 주십니다

 체크리스트 확인 완료!

STEP 2 — 진짜! 일본어 연습하기

쓰기 읽기 말하기

다음 어휘를 활용하여 특별한 존경 표현의 문장을 완성해 봅시다.

셔틀버스/타는 곳/알고 계시다   シャトルバス/乗り場/ご存じだ

➡ 셔틀버스 타는 곳을 알고 계시나요?   シャトルバス乗り場をご存じですか。

디저트/드시다   デザート/めしあがる

➡ 디저트를 드시겠습니까?   デザートをめしあがりますか。

STEP 3  일본어 여행하기

정답 개수 ☐ / 15

1 다음 동사를 알맞은 특별한 존경어와 연결해 보세요.

① 言う •   • A ご覧になる

② くれる •   • B くださる

③ 見る •   • C おっしゃる

④ する •   • D なさる

2 다음 보기 중 특별한 존경어가 같은 동사를 모두 골라 보세요.

 보기: いる | 食べる | くれる | 見る | する | 行く |
言う | 来る | 知っている | 飲む

① いらっしゃる ➡ _____ 、_____ 、_____

② めしあがる   ➡ _____ 、_____

3 다음을 읽고 빈칸을 특별한 존경어로 바꿔 보세요.

① **ニュースを見る** ➡
뉴스를 보다   뉴스를 보시다

② **おみやげをくれる** ➡
선물을 주다   선물을 주시다

③ **アメリカから来る** ➡
미국에서 오다   미국에서 오시다

④ **先生が言う** ➡
선생님이 말하다   선생님이 말씀하시다

4 다음을 읽고 틀린 곳을 고치세요.

① 社長はどちらにいらっしゃりますか。　　사장님은 어디에 계시나요?

② どうぞめしあがるください。　　어서 드세요.

③ 日本のビジネスマナーをご存じますか。　　일본의 비즈니스 매너를 알고 계십니까?

JLPT N3 기출 유형 맛보기

5 다음 문장의 (　　)에 들어갈 것으로 가장 적당한 것을 1・2・3・4 에서 하나 고르세요.

① 店員：探すものがあれば（　　　　）ください。 찾으시는 게 있으면 말씀해 주세요.
　　客：あ、ありがとうございます。 아, 감사합니다.

　1 おっしゃって　　2 いらっしゃって　　3 もうして　　4 なさって

② 山下先生は留学生と話して（　　　　）。 야마시타 선생님은 유학생과 이야기하고 계십니다.

　1 なさいます　　2 おります　　3 くださいます　　4 いらっしゃいます

정답은 정답 체크 14p에서 확인하세요!

한 줄 여행 일본어

현지 식당에서 밥을 원하는 만큼만 주문하고 싶을 때, 아래 어휘를 사용해 보세요!

'그릇에 밥 등을 담다'라는 뜻의 동사 盛る를 활용한 표현이에요.

小盛 적음 ｜ 並盛 보통 ｜ 大盛 많음 ｜ 特盛 아주 많음

A : ライスの量はどうなさいますか。 밥 양은 어떻게 하시겠어요?
B : 大盛でお願いします。 곱빼기로 주세요.

Day 55

何時(なんじ)にお帰(かえ)りになりますか。
몇 시에 돌아가십니까?

존경어 만드는 공식을 마스터한다.

「お ~になる」로 상대를 높여 말하기   「ご ~になる」로 상대를 높여 말하기

STEP 1 일본어 준비물 체크하기

존경어로 바꾸는 방법을 익혀서, 상대방을 높여서 말해 봅시다.

체크리스트 | お ~になる   ~하시다
お + 동사의 ます형 + になる

「いらっしゃる(가시다, 오시다, 계시다)」처럼 특수한 형태를 가진 동사를 제외하고, 다른 일반 동사들은 존경어 공식 「お + 동사의 ます형 + になる(~하시다)」에 대입해 만듭니다.

何時(なんじ)にお帰(かえ)りになりますか。	몇 시에 돌아가십니까?
山口先生(やまぐちせんせい)がお書(か)きになった本(ほん)です。	야마구치 선생님이 쓰신 책입니다.
この資料(しりょう)、もうお読(よ)みになりましたか。	이 자료 벌써 읽으셨어요?

단어
- 何時(なんじ) 몇 시
- 資料(しりょう) 자료
- もう 이미, 벌써

> 특별한 존경어는「お ~になる(하시다)」의 형태로 사용하지 않기 때문에 이중 경어가 되지 않도록 주의해 주세요.
>
> **예** お茶(ちゃ)をおめしあがりになりますか。(X)
> お茶(ちゃ)をめしあがりますか。(O)
> 차를 드시겠습니까?

 **체크리스트** ご ～になる   ~하시다
ご + 한자 명사 + になる

한자어를 활용한 존경어 공식은 「ご + 한자 명사 + になる(~하시다)」가 됩니다.

初めてご利用になる方へ。　　처음 이용하시는 분께.
明日のパーティーにご参加になりますか。　내일 파티에 참가하십니까?
このスカート、ご試着になりますか。　이 치마를 입어 보시겠습니까?

단어
初めて 처음
利用 이용
パーティー 파티
参加 참가
スカート 치마
試着 입어 봄

꿀팁! 존경어로 바꾸는 두 가지 방법 총정리!
1. 특수 존경 동사를 그대로 외우기
2. 일반 동사와 한자어는 공식에 대입하기
   ・「お + 동사의 ます형 + になる(하시다)」
   ・「ご + 한자 명사 + になる(하시다)」

 체크리스트 확인 완료!

STEP 2 진짜진짜 일본어 연습하기

쓰기 읽기 말하기

✈ 다음 어휘를 존경어 만드는 공식을 활용하여 문장을 완성해 봅시다.

영수증/가지다　　　　　　　　レシート/持つ
➡ 영수증을 갖고 계신가요?　　✎ レシートをお持ちになりますか。

히가시 선생님/야마노테선/타다　東先生/山手線/乗る
➡ 히가시 선생님은 야마노테선을 타십니다.　東先生は山手線にお乗りになります。

비닐봉투/이용하다　　　　　　ビニールぶくろ/利用する
➡ 비닐봉투 이용하십니까?　　　ビニールぶくろ、ご利用になりますか。

일본식 방(다다미 방)/예약　　　和室/予約
➡ 일본식 방을 예약하셨습니까?　和室をご予約になりましたか。

STEP 3 실전! 일본어 여행하기

정답 개수 ☐ / 15

1 다음 어휘를 올바르게 읽은 것을 고르세요.

① 参加 참가　　A ざんか　　B さんか

② 利用 이용　　A いよう　　B りよう

③ 試着 입어 봄　A しちゃく　B しき

④ 資料 자료　　A しりょ　　B しりょう

2 다음 빈칸에 알맞은 히라가나를 넣어 보세요.

① ☐作り☐☐☐前にレシピを読んでください。
만드시기 전에 레시피를 읽어주세요.

② 鈴木さんの結婚式に☐出席☐☐☐☐か。
스즈키 씨의 결혼식에 출석하십니까?

③ ☐乗車☐☐☐方はチケットを見せてください。
승차하실 분은 티켓을 보여주세요.

3 다음을 읽고 틀린 곳을 고치세요.

① 会議にお参加になる。　　　회의에 참석하시다.

② 新聞をお読みくなる。　　　신문을 읽으시다.

③ 先生がご説明でなる。　　　선생님께서 설명하시다.

4 다음 그림에 맞춰 보기를 활용하여 문장을 만들어 보세요.

보기

降(お)りる (탈 것, 역 등에서) 내리다 | 預(あず)ける 맡기다 | 来店(らいてん) 가게에 옴

❶

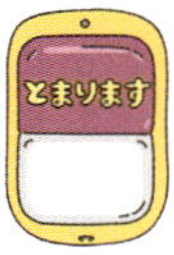

➡ ＿＿＿＿＿＿＿＿ 方(かた)はボタンを押(お)してください。

내리실 분은 버튼을 눌러 주세요.

❷

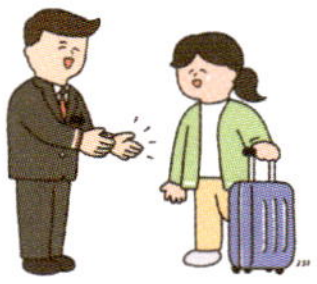

➡ ＿＿＿＿＿＿＿＿ 荷物(にもつ)は私(わたし)にください。

맡기실 짐은 저에게 주세요.

❸

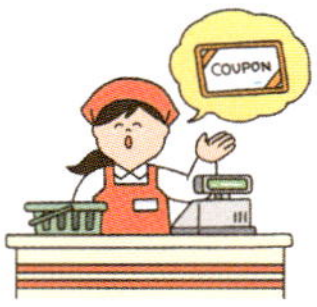

➡ ＿＿＿＿＿＿＿＿ 方(かた)にクーポンをプレゼントします。

가게에 오시는 분께 쿠폰을 선물해 드립니다.

JLPT N3 기출 유형 맛보기

5 다음 문장의 (　　)에 들어갈 것으로 가장 적당한 것을 **1 · 2 · 3 · 4** 에서 하나 고르세요.

❶

A：部長(ぶちょう)はどちらにいらっしゃいますか。 부장님은 어디에 계신가요?
B：もうお宅(たく)にお帰(かえ)りに (　　　　)。 이미 댁으로 돌아가셨습니다.

1 ありました　　**2** いました　　**3** しました　　**4** なりました

❷

ご見学(けんがく) (　　　　)方(かた)は2時(じ)までに来(き)てください。 견학하실 분은 2시까지 와 주세요.

1 にする　　**2** にした　　**3** になる　　**4** になった

정답은 정답 체크 14p에서 확인하세요!

Day 56

少(すこ)しお待(ま)ちください。
잠시만 기다려 주십시오.

학습 체크인 | DATE

존경어를 활용하여 공손한 부탁 표현을 마스터한다.

「お ~ ください」로 정중하게 부탁하기

「ご ~ ください」로 정중하게 부탁하기

STEP 1 — 진짜자 일본어 준비물 체크하기

✈️ 상대방에게 공손하게 부탁하는 표현을 익혀서 말해 봅시다.

체크리스트 | お ~ ください ~해 주세요, ~해 주십시오
お + 동사의 ます형 + ください

요청할 때 쓰는 표현 「~てください(~해 주세요)」를 떠올려봅시다. 상대방에게 좀 더 정중하게 권유하거나 부탁할 때는 「お + 동사의 ます형 + ください(~해 주세요)」가 됩니다.

少(すこ)しお待(ま)ちください。	잠시만 기다려 주십시오.
ご自由(じゆう)にお使(つか)いください。	자유롭게 사용해 주세요.
ゴミはお持(も)ち帰(かえ)りください。	쓰레기는 가지고 돌아가 주세요.

단어
- 少(すこ)し 잠시, 조금
- ご自由(じゆう)に 자유롭게
- ゴミ 쓰레기
- 持(も)ち帰(かえ)る 가지고 돌아가다

꿀팁!! 「お~ください(~해 주세요)」는 동사의 て형을 활용한 「~てください(~해 주세요)」보다 조금 더 정중한 뉘앙스가 있기 때문에 호텔, 식당 등에서 많이 사용합니다. 정중한 뉘앙스로 상대에게 부탁해 보세요.

예) お名前(なまえ)を書(か)いてください。(X)
    お名前(なまえ)をお書(か)きください。(O)

ご〜ください ~해 주세요, ~해 주십시오
ご + 한자 명사 + ください

상대방에게 정중하게 권유하거나 지시할 때 동사의 경우는 「お + 동사의 ます형 + ください(~해 주세요)」이지만, 한자어의 경우 「ご + 한자 명사 + ください(~해 주세요)」가 됩니다.

단어
- 足元 발 밑
- 注意 주의
- イベント 이벤트
- 参加 참가
- スケジュール 스케줄
- 確認 확인

足元にご注意ください。　　　　발 밑을 주의해 주세요.

イベントにご参加ください。　　이벤트에 참가해 주세요.

明日のスケジュールをご確認ください。　내일 스케줄을 확인해 주세요.

STEP 2 일본어 연습하기

쓰기　읽기　말하기

다음 어휘를 「ください」를 활용하여 정중하게 부탁하는 문장을 완성해 봅시다.

펜/사용하다　　　　　　　　　ペン/使う

➡ 이 펜을 사용해 주세요.　　　このペンをお使いください。

안전벨트/매다　　　　　　　　シートベルト/しめる

➡ 안전벨트를 매 주세요.　　　シートベルトをおしめください。

가게 안/담배/삼가　　　　　　店内/タバコ/遠慮

➡ 가게 안에서 담배는 삼가해 주세요.　店内でタバコはご遠慮ください。

공항 라운지/이용　　　　　　空港ラウンジ/利用

➡ 공항 라운지를 이용해 주세요.　空港ラウンジをご利用ください。

STEP 3  일본어 여행하기

정답 개수 ☐ / 15

1 다음 어휘를 알맞은 뜻에 연결해 보세요.

① 確認(かくにん) •　　　　　• A 참가

② 注意(ちゅうい) •　　　　　• B 발 밑

③ 足元(あしもと) •　　　　　• C 확인

④ 参加(さんか) •　　　　　• D 주의

2 다음 빈칸에 알맞은 히라가나를 넣어 보세요.

① お名前(なまえ)はボールペンで ☐ 書(か)き ☐☐☐ 。
이름은 볼펜으로 써 주세요.

② 悩(なや)みがあったら、先生(せんせい)に ☐ 相談(そうだん) ☐☐☐ 。
고민이 있으면 선생님한테 상담해 주세요.

③ バスが止(と)まったあと、 ☐ 立(た)ち ☐☐☐ 。
버스가 멈춘 후 일어나 주세요.

3 다음을 읽고 틀린 곳을 고치세요.

① くつをお脱(ぬ)ぎてください。　　　신발을 벗어 주세요.

② 車(くるま)にご注意(ちゅうい)してください。　　　자동차를 조심해 주십시오.

③ エレベーターをお利用(りよう)ください。　　　엘리베이터를 이용해 주십시오.

4 다음 우리말에 맞게 알맞은 표현을 고르세요.

① 飲(の)み物(もの)はご自由(じゆう)にお A 選(えら)び　B 選(えら)んで　ください。
音료는 자유롭게 골라 주세요.

② 会社(かいしゃ)に着(つ)きましたら、A お連絡(れんらく)　B ご連絡(れんらく)　ください。
회사에 도착하면 연락해 주세요.

③ もうすぐ授業(じゅぎょう)が始(はじ)まりますので、席(せき)にお A 座(すわ)り　B 座(すわ)って　ください。
곧 수업이 시작하기 때문에 자리에 앉아 주세요.

JLPT N3 기출 유형 맛보기

5 다음 문장의 ★ 에 들어갈 것으로 가장 적당한 것을 1·2·3·4 에서 하나 고르세요.

① 必要(ひつよう)な ＿＿＿ ★ ＿＿＿ ＿＿＿ ください。 필요한 것이 있으면 프론트로 연락해 주세요.

1 あれば　　2 フロントに　　3 ものが　　4 ご連絡(れんらく)

② 客(きゃく)：すみません。荷物(にもつ)を送(おく)りたいんですが。 실례합니다. 짐을 보내고 싶은데요.
受付(うけつけ)：こちらに ＿＿＿ ＿＿＿ ★ ＿＿＿ ください。
여기에 이름을 쓰고 잠시만 기다려 주세요.

1 お待(ま)ち　　2 書(か)いて　　3 お名前(なまえ)を　　4 少(すこ)し

정답은 정답 체크 14p에서 확인하세요!

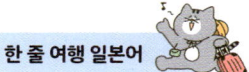
한 줄 여행 일본어

다양한 초밥 종류, 먹고 싶은 초밥을 따로 주문해 볼까요?

ひらめ 광어 ｜ 大(おお)トロ 참치 대뱃살 ｜ あじ 전갱이 ｜ うなぎ 장어 ｜ 甘(あま)エビ 단 새우 ｜ ほたて 가리비

Day 57

いただきます。
잘 먹겠습니다.

겸양어의 특징을 마스터한다.

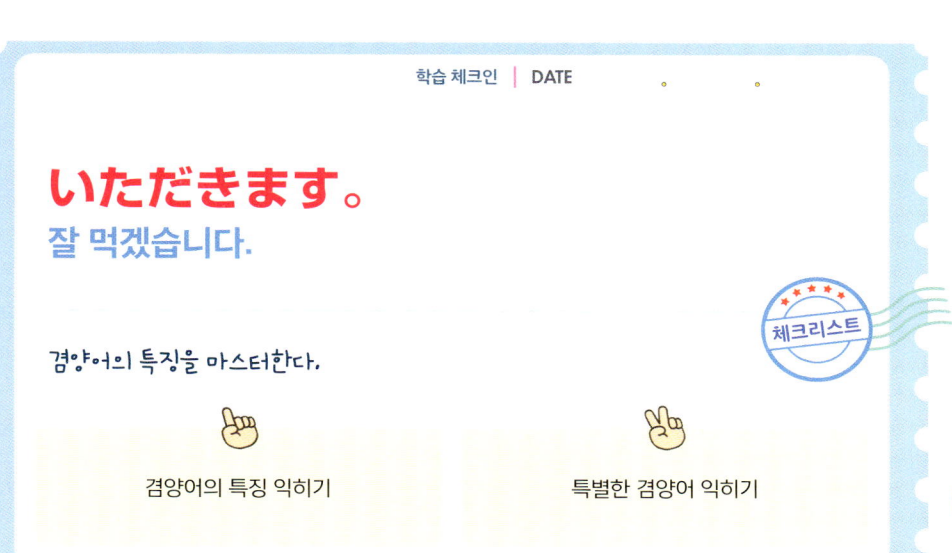

- 겸양어의 특징 익히기
- 특별한 겸양어 익히기

STEP 1 진짜 일본어 준비물 체크하기

경어 표현 중 겸양어의 특징을 이해하고, 상대방에게 사용해 봅시다.

☐ 체크리스트 — 겸양어의 특징

상대방에게 존경을 표할 때 사용하는 경어에는 존경어, 겸양어, 정중어가 있는데, 그 중 존경어는 상대를 직접 높일 때 쓰이는 표현이며, 겸양어는 나를 낮추어 겸손하게 말함으로써 간접적으로 상대방을 높이는 표현입니다.

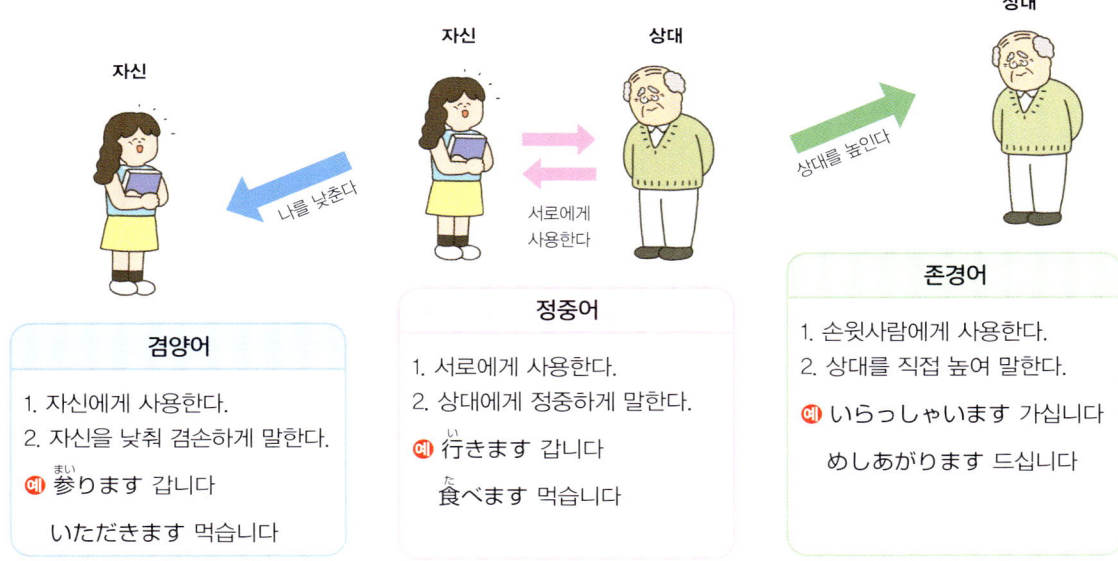

겸양어
1. 자신에게 사용한다.
2. 자신을 낮춰 겸손하게 말한다.
   예) 参(まい)ります 갑니다
   いただきます 먹습니다

정중어
1. 서로에게 사용한다.
2. 상대에게 정중하게 말한다.
   예) 行(い)きます 갑니다
   食(た)べます 먹습니다

존경어
1. 손윗사람에게 사용한다.
2. 상대를 직접 높여 말한다.
   예) いらっしゃいます 가십니다
   めしあがります 드십니다

 **체크리스트** 특별한 겸양어

존경어와 마찬가지로 겸양어도 일부 동사의 경우, 특별한 형태를 가집니다. 특수한 형태를 가지고 있는 경어 동사는 그대로 외워 두어야 합니다.

사전형	겸양어	따라 써 보기
行く・来る 가다・오다	参る 가다・오다	参る
いる 있다	おる 있다	おる
食べる・飲む 먹다・마시다	いただく 먹다・마시다	いただく
会う 만나다	お目にかかる 만나 뵙다	お目にかかる
言う 말하다	もうす 말씀드리다	もうす
聞く・訪ねる 묻다・방문하다	うかがう 여쭙다・찾아뵙다	うかがう
見る 보다	はいけんする 보다	はいけんする
知っている 알고 있다	存じている 알고 있다	存じている
する 하다	いたす 하다	いたす

쓰기 읽기 말하기

 다음 어휘를 활용하여 특별한 겸양 표현의 문장을 완성해 봅시다.

신바시역/서쪽 출구/기다리다 新橋駅/西口/待っておる

➡ 신바시역 서쪽 출구에서 기다리고 있습니다. 　新橋駅の西口で待っております。

곧/요코하마/도착하다 まもなく/横浜/到着いたす

➡ 곧 요코하마에 도착합니다. 　まもなく横浜に到着いたします。

여름 방학/가마쿠라/갔다 오다 夏休み/鎌倉/行って参る

➡ 여름 방학에 가마쿠라에 갔다 왔습니다. 　夏休みに鎌倉に行って参りました。

STEP 3  일본어 여행하기

정답 개수 ☐ / 15

1 다음 동사를 알맞은 특별한 겸양어와 연결해 보세요.

① いる　　　　・　　　　　・ A　存じている

② する　　　　・　　　　　・ B　お目にかかる

③ 会う　　　　・　　　　　・ C　いたす

④ 知っている　・　　　　　・ D　おる

2 다음 보기 중 특별한 겸양어가 같은 동사를 모두 골라 보세요.

보기 ● いる ┃ 食べる ┃ 聞く ┃ 見る ┃ する ┃ 行く ┃
会う ┃ 言う ┃ 来る ┃ 知っている ┃ 飲む ┃ 訪ねる

① 参る　　➡　_____ 、 _____

② いただく　➡　_____ 、 _____

③ うかがう　➡　_____ 、 _____

3 다음을 읽고 빈칸을 특별한 겸양어로 바꿔 보세요.

① 電車が来る　　➡　

전철이 오다　　　　　　　　　　전철이 옵니다

② かき氷を食べる　➡　

빙수를 먹다　　　　　　　　　　빙수를 먹습니다

③ 写真を見る　　➡　

사진을 보다　　　　　　　　　　사진을 봅니다

4 다음을 읽고 틀린 곳을 고치세요.

① 私はスミスともうしです。　　　저는 스미스라고 합니다.

② ロビーでお待ちしておってます。　　　로비에서 기다리고 있겠습니다.

③ 社長のお宅にうかがりました。　　　사장님 댁에 찾아뵈었습니다.

JLPT N3 기출 유형 맛보기

5 다음 문장의 (　　)에 들어갈 것으로 가장 적당한 것을 1·2·3·4에서 하나 고르세요.

① キム：はい、SIWONSCHOOLのキムです。 네, 시원스쿨의 김○○입니다.
　　山田：A社の山田と（　　　　）が、部長をお願いします。
　　　　　A사의 야마다라고 합니다만, 부장님을 부탁드립니다.

1　いらっしゃいます　　　　2　もうします

3　いたします　　　　　　　4　ございます

② 先生、（　　　　）ことができてうれしいです。 선생님, 만나 뵙게 돼서 기쁩니다.

1　はいけんする　　2　お目にかかる　　3　ご覧になる　　4　参る

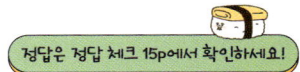

한 줄 여행 일본어

일본의 절이나 신사를 방문했을 때 재미로 뽑는 'おみくじ(운세)', 지금 바로 행운을 점쳐 볼까요?

大吉 대길 ｜ 中吉 중길 ｜ 凶 흉 ｜ 大凶 대흉 ｜ 待ち人 귀인 ｜ 恋愛 연애 ｜ 転居 이사, 이주

Day 58

학습 체크인 | DATE

荷物（にもつ）をお持（も）ちします。
짐을 들어 드리겠습니다.

겸양어 만드는 공식을 마스터한다.

 「お ~する」로 겸손하게 말하기   「ご ~する」로 겸손하게 말하기

STEP 1 · 일본어 준비물 체크하기

겸양어로 바꾸는 방법을 익혀서, 상대방에게 겸손하게 말해 봅시다.

お ~する   ~하다, ~해 드리다
お + 동사의 ます형 + する

「参（まい）る(가다, 오다)」처럼 특수한 형태를 가진 동사를 제외하고, 다른 일반 동사들은 겸양어 공식 「お + 동사의 ます형 + する/いたす (~하다, ~해 드리다)」에 대입해 만듭니다.

단어
- 部屋（へや） 방
- 荷物（にもつ） 짐
- 駅（えき） 역
- 送（おく）る 배웅하다, 보내다
- 何（なに）か 무언가
- 手伝（てつだ）う 돕다

部屋まで荷物をお持ちします。   방까지 짐을 들어 드리겠습니다.

駅までお送りいたします。   역까지 배웅해 드리겠습니다.

何かお手伝いしましょうか。   무언가 도와드릴까요?

꿀팁! 특별한 겸양어는 「お ~する(하다)」 형태로 사용하지 않기 때문에 이중 경어가 되지 않도록 주의해 주세요.

예) 卒業（そつぎょう）の写真（しゃしん）をおはいけんしました。 (X)
　　卒業の写真をはいけんしました。 (O)
　　졸업 사진을 봤습니다.

 **ご ~する ~하다, ~해 드리다**
ご + 한자 명사 + する

한자어의 겸양어 공식은 「ご + 한자 명사 + する/いたす(~하다, ~해 드리다)」가 됩니다.

	단어
紹介	소개
案内	안내
弁当	도시락
用意	준비

山田さんをご紹介します。 야마다 씨를 소개하겠습니다.
大学をご案内いたします。 대학교를 안내해 드리겠습니다.
弁当はこちらでご用意します。 도시락은 이쪽에서 준비하겠습니다.

꿀팁! 겸양어 공식을 만들 때 「する(하다)」 대신에 「いたす(하다)」를 사용하면 더욱 공손하고 정중한 뉘앙스가 됩니다.

★ 체크리스트 확인 완료!

 **STEP 2 지금자자 일본어 연습하기**

쓰기 □ 읽기 □ 말하기 □

✈ 다음 어휘를 겸양어 만드는 공식을 활용하여 문장을 완성해 봅시다.

담요/가지다   ブランケット/持つ
➡ 담요를 가져다 드리겠습니다.   ✎ ブランケットをお持ちします。

일본항공/알리다   日本航空/知らせる
➡ 일본항공에서 알려드립니다.   日本航空よりお知らせします。

창가/자리/안내   窓側/席/案内
➡ 창가 자리로 안내해 드리겠습니다. 窓側の席にご案内いたします。

가이드북/준비   ガイドブック/用意
➡ 가이드북을 준비했습니다.   ガイドブックをご用意しました。

STEP 3  일본어 여행하기

정답 개수  / 15

1 다음 어휘를 알맞은 뜻에 연결해 보세요.

① 荷物(にもつ) •   • A 안내

② 案内(あんない) •   • B 소개

③ 用意(ようい) •   • C 짐

④ 紹介(しょうかい) •   • D 준비

2 다음 빈칸에 알맞은 히라가나를 넣어 보세요.

① お食事(しょくじ)はルームに □ 持(も)ち □□□□。

식사는 룸으로 가져다 드리겠습니다.

② 新(あたら)しいサービスを □ 紹介(しょうかい) □□□□。

새로운 서비스를 소개해 드리겠습니다.

③ パスポートはコピーしてから □ 返(かえ)し □□□。

여권은 복사하고 나서 돌려 드리겠습니다.

3 다음을 읽고 틀린 곳을 고치세요.

① どうぞよろしくお願(ねが)います。   잘 부탁드립니다.

② 会社(かいしゃ)をお案内(あんない)いたします。   회사를 안내해 드리겠습니다.

③ カタログをご送(おく)りします。   카탈로그를 보내 드리겠습니다.

4 다음을 읽고 보기를 활용하여 문장을 완성해 보세요.

보기 　　　運ぶ 옮기다 ┃ 説明 설명 ┃ 知らせる 알리다

① 車で荷物を _____ 。
차로 짐을 옮겨 드릴까요?

② エントリーシートの書き方を _____ 。
입사 지원서 쓰는 법을 설명해 드리겠습니다.

③ メールで新しい情報を _____ 。
메일로 새로운 정보를 알려 드리겠습니다.

JLPT N3 기출 유형 맛보기

5 다음 문장의 ( )에 들어갈 것으로 가장 적당한 것을 1・2・3・4 에서 하나 고르세요.

① 詳しい内容はメールでご案内( )。 자세한 내용은 메일로 안내해 드리겠습니다.

1 あげます　　2 いたします　　3 ございます　　4 おります

② かさを持っていない方は( )します。
우산을 가지고 있지 않은 분은 빌려 드리겠습니다.

1 お借り　　2 お返し　　3 お貸し　　4 お持ち

정답은 정답 체크 15p에서 확인하세요!

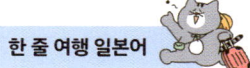
한 줄 여행 일본어

현지에서 이 디저트만큼은 꼭 먹어보자!

クリームシュー 크림슈 ┃ 焼きプリン 구운 푸딩 ┃ ロールケーキ 롤케이크 ┃ いちごもち 딸기 찹쌀떡

Day 59

학습 체크인 | DATE   .   .

ご利用いただき、ありがとうございます。
이용해 주셔서 감사합니다.

겸양어를 활용하여 겸손한 표현을 마스터한다.

 「お ~いただく」로 겸손하게 말하기   「ご ~いただく」로 겸손하게 말하기

STEP 1 — 일본어 준비물 체크하기

「いただく」를 활용한 겸양 표현을 익혀서, 상대방에게 적절하게 사용해 봅시다.

お ~いただく   ~해 주시다(~해 받다)
お + 동사의 ます형 + いただく

겸양 표현을 이용해 '~해 주시다'를 말하기 위해서는 「お + 동사의 ます형 + いただく(~해 주시다)」 공식을 활용하면 됩니다.

お聞きいただき、ありがとうございます。
들어주셔서 감사합니다.

本日、お集まりいただき、ありがとうございます。
오늘 모여 주셔서 감사합니다.

食事会にお招きいただき、ありがとうございます。
식사 자리에 초대해 주셔서 감사합니다.

단어
聞く 듣다
本日 오늘
集まる 모이다
食事会 식사 자리
招く 초대하다

 **ご ~いただく   ~해 주시다(~해 받다)**
ご + 한자 명사 + いただく

'~해 주시다'를 한자어로 만들 경우, 「ご + 한자 명사 + いただく(~해 주시다)」 공식을 활용하면 됩니다.

ご来店いただき、ありがとうございます。
가게에 와 주셔서 감사합니다.

いつもご利用いただき、ありがとうございます。
항상 이용해 주셔서 감사합니다.

ご説明いただき、ありがとうございます。
설명해 주셔서 감사합니다.

단어
来店 가게에 옴
いつも 항상
利用 이용
説明 설명

STEP 2 신나게 일본어 연습하기

쓰기 읽기 말하기

다음 어휘를 「いただく」를 활용하여 겸손하게 말하는 문장을 완성해 봅시다.

하야시 씨/초대하다/기쁘다
林さん/招く/うれしい
➡ 하야시 씨가 초대해 주셔서 기쁩니다.
　林さんにお招きいただき、うれしいです。

티켓/준비/기다리다
チケット/用意/待つ
➡ 티켓을 준비해 주시고 기다려 주세요.
　チケットをご用意いただき、お待ちください。

라운지/이용 방법/안내
ラウンジ/利用方法/案内
➡ 라운지의 이용 방법을 안내해 주셨습니다.
　ラウンジの利用方法をご案内いただきました。

돕다/고맙다
手伝う/ありがとう
➡ 도와주셔서 고맙습니다.
　お手伝いいただき、ありがとうございます。

STEP 3 일본어 여행하기

정답 개수 ☐ / 15

1 다음 어휘를 알맞은 뜻에 연결해 보세요.

① 食事会（しょくじかい） •   • A 가게에 옴

② 来店（らいてん） •   • B 이용

③ 利用（りよう） •   • C 오늘

④ 本日（ほんじつ） •   • D 식사 자리

2 다음 빈칸에 알맞은 히라가나를 넣어 보세요.

① 青山（あおやま）さんからファクスを ☐ 送（おく）り ☐☐☐ ました。

아오야마 씨가 팩스를 보내주셨습니다.

② 弊社（へいしゃ）まで ☐ 訪問（ほうもん）☐☐☐、ありがとうございます。

저희 회사까지 방문해 주셔서 감사합니다.

③ 住所（じゅうしょ）を ☐ 書（か）き ☐☐☐ たら、お宅（たく）までお届（とど）けします。

주소를 적어 주시면 댁까지 보내 드리겠습니다.

3 다음을 읽고 틀린 곳을 고치세요.

① ご連絡（れんらく）いただけ、ありがとうございます。   연락해 주셔서 감사합니다.

② ご招（まね）きいただき、ありがとうございます。   초대해 주셔서 감사합니다.

③ たくさんの方（かた）からお来店（らいてん）いただきました。   많은 분들이 가게에 와 주셨습니다.

4 다음을 읽고 순서에 맞게 배열해 보세요.

① ありがとう　お聞き　ございます　いただき　スピーチを

스피치를 들어주셔서 감사합니다.

➡ _____ 。

② いただきました　奥さまから　お作り　社長の　お弁当を

사장님의 아내 분께서 도시락을 만들어 주셨습니다.

➡ _____ 。

③ お使い　ありがとう　きれいに　ございます　いただき

깨끗하게 사용해 주셔서 감사합니다.

➡ _____ 。

JLPT N3 기출 유형 맛보기

5 다음 문장의 ★ 에 들어갈 것으로 가장 적당한 것을 1·2·3·4 에서 하나 고르세요.

① 忙しい ____ ★ ____ ____ ありがとうございます。

바쁘신 와중에 행사에 모여 주셔서 감사합니다.

1 いただき　　2 ところ　　3 お集まり　　4 イベントに

② 学生：先生、____ ____ ★ ____ です。

선생님, 설명회에 꼭 참가해 주셨으면 합니다.

先生：週末なら行けるよ。 주말이라면 갈 수 있단다.

1 いただきたい　　2 説明会に　　3 ぜひ　　4 ご参加

정답은 정답 체크 15p에서 확인하세요!

Day 60

お先に帰らせていただきます。
먼저 돌아가겠습니다.

겸양어를 활용하여 겸손한 표현을 마스터한다.

- 「~ていただく」로 겸손하게 말하기
- 「~(さ)せていただく」로 겸손하게 말하기

STEP 1 진짜 일본어 준비물 체크하기

다양한 겸양 표현을 익혀서, 상대방에게 겸손하게 말해 봅시다.

~ていただく   ~해 주시다(~해 받다)
동사의 て형 + いただく

앞서 학습한 「お + 동사의 ます형 + いただく」와 같이 '~해 주시다'의 의미로 사용할 수 있는 겸양 표현입니다. 동사의 て형을 활용한 것으로 「~てもらう(~해 주다, ~해 받다)」보다 한층 정중한 표현입니다. 우리말로 직역을 하면 '~해 받겠습니다'로 매우 부자연스럽기 때문에 '~해 주시다'로 해석하는 것이 적절합니다.

先生に本を貸していただきました。
선생님께서 책을 빌려주셨습니다.
(직역: 선생님에게 책을 빌려 받았습니다.)

上野さんに日本語を教えていただきました。
우에노 씨가 일본어를 가르쳐 주셨습니다.
(직역: 우에노 씨에게 일본어를 가르쳐 받았습니다.)

ちょっと作文を見ていただきたいですが。
잠깐 글을 봐 주셨으면 합니다만….
(직역: 잠깐 글을 봐 받고 싶습니다만….)

단어
貸す 빌려주다
ちょっと 잠깐, 조금
作文 글, 작문

 **체크리스트** ~(さ)せていただく ~하다

~(さ)せる + ていただく

동사의 사역형에 「ていただく」를 붙이면 자신이 무언가를 하고 싶을 때, 상대방의 허락을 받아 행동을 하겠다는 의미를 겸손하게 나타낼 수 있습니다. 우리말로 직역을 하면 '~시켜 받겠습니다'로 부자연스럽기 때문에 '~하겠습니다'로 해석하는 것이 적절합니다.

お先に帰らせていただきます。
(상대에게 양해를 구하며) 먼저 돌아가겠습니다.

もう一度考えさせていただきます。
(상대에게 양해를 구하며) 다시 한번 생각하겠습니다.

これで授業を終わらせていただきます。
(상대에게 양해를 구하며) 이것으로 수업을 마치겠습니다.

단어
お先に 먼저
もう一度 다시 한번
考える 생각하다
授業 수업
終わる 마치다

 체크리스트 확인 완료!

STEP 2 진짜자 일본어 연습하기

쓰기 / 읽기 / 말하기

다음 어휘를 「ていただく」를 활용하여 겸손하게 말하는 문장을 완성해 봅시다.

모리 씨/피부 관리/예약하다　　森さん/エステ/予約する
➡ 모리 씨가 피부 관리를 예약해 주셨습니다.　森さんにエステを予約していただきました。

다나카 씨/일본 과자/만들다　　田中さん/和菓子/作る
➡ 다나카 씨가 일본 과자를 만들어 주셨습니다.　田中さんに和菓子を作っていただきました。

우동/만드는 방법/설명하다　　うどん/作り方/説明する
➡ 우동 만드는 방법을 설명하겠습니다.　うどんの作り方を説明させていただきます。

나/사진/찍다　　私/写真/撮る
➡ 제가 사진을 찍겠습니다.　私が写真を撮らせていただきます。

STEP 3  일본어 여행하기

 정답 개수 ☐ / 15

1 다음 동사를 알맞은 뜻에 연결해 보세요.

① 教える •   • A 마치다

② 貸す •   • B 생각하다

③ 考える •   • C 가르치다

④ 終わる •   • D 빌려주다

2 다음 동사를 보고 우리말 의미에 맞게 바꿔 보세요.

① 読む ― _____ ― _____
   읽다   읽어 주셨습니다   (양해를 구하며) 읽겠습니다

② 見る ― _____ ― _____
   보다   봐 주셨습니다   (양해를 구하며) 보겠습니다

③ 作る ― _____ ― _____
   만들다   만들어 주셨습니다   (양해를 구하며) 만들겠습니다

3 다음 동사를 활용하여 알맞은 히라가나를 넣어 보세요.

① 調べる ➡ データを調☐☐☐☐☐たいです。
   조사하다   데이터를 조사해 주셨으면 합니다.

② 送る ➡ おみやげを送☐☐☐☐☐ました。
   보내다   선물을 보내주셨습니다.

③ する ➡ 自己紹介を☐☐☐☐☐☐ます。
   하다   자기소개를 하겠습니다.

3

4 다음을 읽고 틀린 곳을 고치세요.

① もう一度電話されていただきます。　　　다시 한번 전화 드리겠습니다.

② 先生にレポートを見ていただけました。　　선생님께서 리포트를 봐 주셨습니다.

③ 今日は少し休まれていただきます。　　　오늘은 조금 쉬겠습니다.

JLPT N3 기출 유형 맛보기

5 다음 문장의 ★ 에 들어갈 것으로 가장 적당한 것을 1·2·3·4 에서 하나 고르세요.

① 掃除の時、 ____ ★ ____ ____ ます。
청소할 때 스태프가 방에 들어가도록 하겠습니다.

1　いただき　　2　スタッフが　　3　お部屋に　　4　入らせて

② 今回の ____ ____ ★ ____ いただきました。
이번 시합에 많은 팬들이 응원해 주셨습니다.

1　おうえんして　　2　たくさんの　　3　試合に　　4　ファンの方に

한 줄 여행 일본어

일본에서 온천을 즐겨보신 적이 있나요? 일본은 2만 개나 넘을 만큼 온천이 풍부한 나라인데요. 그 중에서도 역사와 전통을 자랑하는 일본의 3대 온천 有馬温泉(아리마 온천), 草津温泉(쿠사쓰 온천), 下呂温泉(게로 온천)을 소개해 드립니다. 온천 수질이 매우 뛰어나고 온천마을이 예쁘게 꾸며져 있어 즐길 거리가 많답니다. 유카타를 입고 구경하며 온천을 만끽해 보세요!

일본어 진짜학습지 스페셜 ✓ 부록

진짜 일본어 여행하기
정답 체크

일본어 진짜학습지 스텝업 부록

진짜 일본어 여행하기
정답 체크

정답

Day 01 일본어 여행하기

1. ① いた ② った ③ んだ
2. ① 読んだ — C 이야기했다
   ② 話した — A 불렀다
   ③ 脱いだ — B 벗었다
3. ① 友だちを待った
   ② かさを貸した
   ③ パソコンを買った
4. ① × ② ○ ③ × ④ ○
5. ① 4 ② 2

Day 02 일본어 여행하기

1. ① た ② べた ③ した
2. ① ○ ② × ③ ×
3. ① 着た ② 起きた ③ 教えた
4. ① 電話をかけた
   ② 家を出た
   ③ シャワーをあびた
   ④ 窓を開けた
5. ① 3 ② 1

Day 03 일본어 여행하기

1. 3
2. ① A ② A ③ A ④ B
3. ① った ② えた ③ した ④ った
4. ① 図書館で 本 を 借りた
   ② コンビニで 新聞 を 買った
   ③ 帰る 時 タクシーに 乗った
   ④ 新しい シャツ を 着た
5. ① 1 ② 1

Day 04 일본어 여행하기

1. ① 学んだことがある | 学んだことがない
   ② 撮ったことがある | 撮ったことがない
   ③ 来たことがある | 来たことがない
   ④ 買ったことがある | 買ったことがない
2.
① 있음
~たことがある ▮ ~たことがあります

② 없음
~たことがない ▮ ~たことがありません ▮ ~たことがないです

3. ① フランス料理を食べたことがある。
   ② 中国に行ったことがない。
   ③ 飛行機に乗ったことがありません。
4. ① 登ったことがありますか
   ② 登ったことがありません
   　 (＝登ったことがないです)
   ③ 見たことがあります
   ④ 聞いたことがある
5. ① 2 ② 2

Day 05 일본어 여행하기

1. ① 食べたり飲んだりする
   ② 出たり入ったりする
   ③ 行ったり来たりする

④ 遊んだり寝たりする

2　① 先　　　　　　　A 해외
　② 海外　　　　　　B 하루 종일
　③ 一日中　　　　　C 먼저

3　① ブログを書いたりゲームをしたりする。
　② 花火を見たり海で泳いだりした。
　③ 映画を見ながら泣いたり笑ったりした。

3　① 撮ったりして
　② 死んだりして
　③ 高かったりして

5　① 3　　② 1

Day 06 일본어 여행하기

1　①

2　① 借りる　　　　A 외출하다
　② 消す　　　　　B 끄다
　③ 返す　　　　　C 돌려주다
　④ 出かける　　　D 빌리다

3　① B　　② A　　③ A

4　① 開けたまま｜開けないまま
　② 置いたまま｜置かないまま
　③ 言ったまま｜言わないまま
　④ 聞いたまま｜聞かないまま

5　① 4(2-★4-3-1)　　② 4(3-2-★4-1)

Day 07 일본어 여행하기

1　①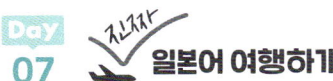

2　① うそをつかないほうがいい
　② お酒を飲みすぎないほうがいい
　③ 夜遅くまでゲームをしないほうがいい

④ タバコを吸わないほうがいい

3　① A　　② A　　③ B

4　① 疲れる　　　　A 들어가다
　② 危ない　　　　B 피곤하다
　③ 強い　　　　　C 강하다
　④ 入る　　　　　D 위험하다

5　① 1　　② 2

Day 08 일본어 여행하기

1　① くつ　　　　　A 세탁
　② 毎朝　　　　　B 신발
　③ 出勤　　　　　C 출근
　④ 洗濯　　　　　D 매일 아침

2　① ショッピングしたあとカフェに行く。
　② 授業のあと(で)わからないことを聞く。
　③ 窓を開けてからそうじをする。

3　① 見てから　　　② 帰ったあと(で)
　③ 止まってから　④ 休んだあと(で)

4　① テストのあと(で)
　② 勉強してから

5　① 4(2-★4-1-3)　　② 1(4-3-★1-2)

Day 09 일본어 여행하기

1　①

2　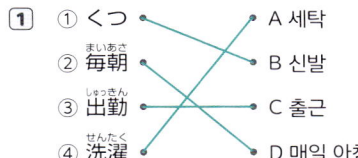

3　① B, 넣으면　　② B, 전하면

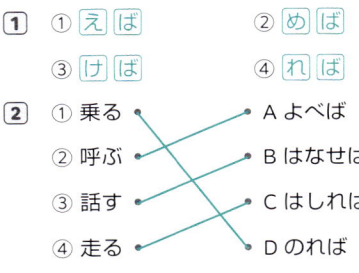

정답

③ A, 돌아가면
④ ① 見れば　　② 起きれば
⑤ ① 3　　② 1

② そうじすればするほどきれいになる。
③ 今朝早く起きればよかった。
③ ① おく ─ B 두다
　② 難しい ─ D 어렵다
　③ 拾う ─ C 줍다
　④ すばらしい ─ A 훌륭하다
④ ① A　　② B　　③ A
⑤ ① 4(2-★4-3-1)　　② 4(2-1-★4-3)

Day 10 일본어 여행하기

① ① 하면 ─ A すれば
　② 기다리면 ─ D 待てば
　③ 오면 ─ B 来れば
　④ 사용하면 ─ C 使えば
② ① 雨が降れば買い物に行かない。
　② お酒を飲めば顔が赤くなる。
　③ 勉強すれば答えがわかる。
③ ① 買えば　② 乗れば　③ 終われば
④
① 1그룹
乗れば｜待てば｜死ねば｜泳げば｜走れば

② 2그룹
見れば｜起きれば｜着れば｜食べれば

③ 3그룹
来れば｜すれば

⑤ ① 2　　② 4

Day 12 일본어 여행하기

① ① ったら　② んだら　③ べたら
② ① A, 오면　② B, 놀면　③ A, 전하면
③ ① 宝くじ ─ D 복권
　② 真っ赤 ─ C 새빨강
　③ 顔色 ─ B 안색
　④ 手紙 ─ A 손 편지
④ ① 冬休みになったら国へ帰ります
　② 台風が来たら出かけません
　③ 宝くじが当たったら家を買いたい
⑤ ① 1(2-★1-3-4)　② 2(4-1-★2-3)

Day 11 일본어 여행하기

① ① べれば｜べるほど
　② ければいい
　③ げばよかった
② ① かばんは机の下におけばいい。

Day 13 일본어 여행하기

① ① まがると　② ると　③ くと
② ① A　② B　③ A
③ ① 読むと｜読まないと
　② 入ると｜入らないと
　③ 起きると｜起きないと

4 ① わけると   ② やめないと
   ③ 勉強しないと ④ なると
5 ① 3(1-★3-4-2) ② 2(4-1-★2-3)

Day 14 일본어 여행하기

1 ① ぶ なら   ② る なら
   ③ る なら   ④ する なら
2 ① 手伝うなら、皿を洗ってください。
   ② 飲み物を飲むなら、ジュースがいい。
   ③ 本を買うなら、あそこの本屋が安い。
3 ① がす なら | が いい
   ② く なら | が いい
   ③ う なら | が いい
4 ① いるなら   ② おくれるなら
   ③ 運動するなら
5 ① 1   ② 2

Day 15 일본어 여행하기

1 ① に よると   ② だ そう
   ③ に | そうだ
   ④ よると | だ そう
2 ① 彼はまじめだそうです。
   ② 今年の冬は去年より寒いそうだ。
   ③ 天気予報によると雪が降るそうだ。
3 ① おばあさんは元気だそうです
   ② 台風が来るそうです
   ③ 会社をやめるそうだ
   ④ テストが難しいそうだ
4 ① そうだ   ② によると
5 ① 1(3-★1-4-2) ② 1(3-4-★1-2)

Day 16 일본어 여행하기

1 ① 辛い   A 튼튼하다
   ② 大変だ   B 힘들다
   ③ 丈夫だ   C 새롭다
   ④ 新しい   D 맵다
2 ① B   ② B   ③ B
3 ① 降りそうだ | 降りそうにない
   (= 降りそうもない, 降りそうにもない)
   ② 辛そうだ | 辛くなさそうだ
   ③ 大変そうだ | 大変じゃなさそうだ
4 ① かばんが落ちそうです
   ② もうすぐさくらがさきそうです
   ③ 今にも火が消えそうです
5 ① 2   ② 4

Day 17 일본어 여행하기

1 ① 週末   A 부재중
   ② 部長   B 선배
   ③ 先輩   C 부장님
   ④ 留守   D 주말
2
   ③ よう
   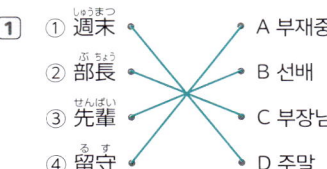
3 ① 仕事で大変みたいです。
   ② 熱があるようです。
   ③ まるで歌手のように歌が上手だ。
4 ① よう   ② みたいだ
5 ① 1   ② 1

정답

Day 18 일본어 여행하기

1. ① やめるらしい
   ② しいらしい
   ③ らしい ④ らしい
2. ① ネイティブ — B 네이티브
   ② 春(はる) — A 봄
   ③ パン — D 빵
   ④ 来月(らいげつ) — C 다음 달
3. ① B ② A
4. ① 夏(なつ)らしい ② あるらしい
   ③ できたらしい
5. ① 1(2-★1-4-3) ② 2(4-1-★2-3)

Day 19 일본어 여행하기

1. ① かも ② だろう
   ③ しれません
   ④ でしょう
2. ① パーティーに行くかもしれません
      (＝パーティーに行くかもしれないです)
   ② 試験(しけん)はかんたんだろう
   ③ 明日(あした)はあたたかいでしょう
3. ① A ② B ③ A
4. ① でしょう ② だろう
   ③ かもしれません(＝かもしれないです)
5. ① 2 ② 1

Day 20 일본어 여행하기

1. ① 押(お)す — A 보이다
   ② 見(み)える — D 누르다
   ③ 住(す)む — B 살다
   ④ 熱(あつ)い — C 뜨겁다
2. ① コンビニは便利(べんり)だと思(おも)う
   ② 電気(でんき)がつくはずだ
   ③ 頭(あたま)がいいはずだ
3. ① A ② B ③ A ④ B
4. ① のはずだ ② と思(おも)います
5. ① 4 ② 2

Day 21 일본어 여행하기

1. ① おう ② きょう
   ③ こう
2. ① 자자, 자야지 — B 寝(ね)よう
   ② 가자, 가야지 — C 行(い)こう
   ③ 읽자, 읽어야지 — D 読(よ)もう
   ④ 먹자, 먹어야지 — A 食(た)べよう
3. ① × ② ○ ③ ×
4. ① 泳(およ)ごう ② 入(い)れよう
   ③ 呼(よ)ぼう
5. ① 3 ② 2

Day 22 일본어 여행하기

1. ① ぼう ② よう
   ③ べよう
2. ① ろう ② おう
   ③ そうじしよう

3 ① 写真を撮ろう。
   ② 駅前で待とう。
   ③ また遊びに来よう。

4 ① シャワーをあびよう
   ② 心を伝えよう
   ③ 電車に乗ろう
   ④ 日記を書こう

5 ① 2   ② 1

Day 23 일본어 여행하기

1 ① こうと   ② けようか
   ③ わろうとする

2 ① A   ② B   ③ A   ④ A

3 ① プレゼントに ── A 借りようと思う。
   ② 本を ── B 何をあげようか。
   ③ 日本で ── C 働こうとしている。

4 ① 休もうと思います
   ② 電話しようとした
   ③ 作ろうか

5 ① 1   ② 4

Day 24 일본어 여행하기

1 ① つもり   ② の
   ③ つもり   ④ 予定

2 ① 日記 ── A 발매
   ② 発売 ── B 일기
   ③ 花見 ── C 누구
   ④ 誰 ── D 꽃구경

3 ① 予定   ② つもり

4 ① 水族館に行くつもりだ
   ② 飛行機に乗る予定です
   ③ タバコをやめるつもりです

5 ① 2   ② 2

Day 25 일본어 여행하기

1 ① 住むことにする | 住むことになる
   ② 見ることにする | 見ることになる
   ③ 帰ることにする | 帰ることになる

2 ① B   ② B   ③ A

3 ① 留学 ── A 갑자기
   ② 急に ── B 유학
   ③ 結婚 ── C 결국
   ④ 結局 ── D 결혼

4 ① ビジネスホテル に 泊まる ことに した
   ② 新しい 家に 引っこす ことに なりました
   ③ 沖縄では レンタカーを 借りる ことに した

5 ① 3(2-★3-1-4)   ② 4(3-2-★4-1)

Day 26 일본어 여행하기

1 ① てる   ② べられる   ③ める

2 ① A, 돌아갈(올) 수 있다
   ② A, 부를 수 있다
   ③ B, 넣을 수 있다

3 ① 쓸 수 있다 ── A 見られる
   ② 달릴 수 있다 ── B 走れる
   ③ 잘 수 있다 ── C 書ける
   ④ 볼 수 있다 ── D 寝られる

4 ① B   ② A   ③ B

정답

5 ① 3(1-★-3-4-2)   ② 4(3-2-★-4-1)

Day 27 일본어 여행하기

1 ① ける ② める ③ られる

2 ① A, 할 수 있다
   ② A, 들을 수 있다/물을 수 있다
   ③ B, 있을 수 있다

3 ① 만들 수 있다 — A 覚えられる
   ② 탈 수 있다 — B 買える
   ③ 살 수 있다 — C 乗れる
   ④ 외울 수 있다 — D 作れる

4 ① × ② ○ ③ ○

5 ① 1 ② 4

Day 28 일본어 여행하기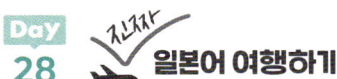

1 ① ること が ② が める ③ る できる

2 ① 雑誌 — A 무료
   ② 喫煙 — B 운전
   ③ 無料 — C 흡연
   ④ 運転 — D 잡지

3 ① 図書館でパソコンが使える。
   ② まつりに参加することができる。
   ③ 北海道でスキーができる。

4 ① が できる ② できます ③ こと ない

5 ① 2 ② 1

Day 29 일본어 여행하기

1 ① 話すようにする / 話すようになる
   ② 歩くようにする / 歩くようになる
   ③ 急ぐようにする / 急ぐようになる

2 ① 弁当 — A 무리하다
   ② 無理する — B 도시락
   ③ 自転車 — C 도착하다
   ④ 着く — D 자전거

3 ① A ② B ③ B

4 ① 夜遅くテレビを見ないようにする。
   ② コンビニでチケットが買えるようになった。
   ③ 毎朝ジョギングするようにする。

5 ① 2 ② 3

Day 30 일본어 여행하기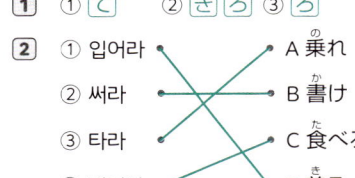

1 ① て ② きろ ③ ろ

2 ① 입어라 — A 乗れ
   ② 써라 — B 書け
   ③ 타라 — C 食べろ
   ④ 먹어라 — D 着ろ

3 ① ○ ② ○ ③ ×

4 ① 勉強をがんばれ
   ② 部屋を片づけろ
   ③ 歌を歌え

5 ① 4 ② 1

Day 31 일본어 여행하기

1 ① い ② え ③ えろ

② ① 이야기해라 — A 話せ
   ② 서둘러라 — B 閉めろ
   ③ 일어나라 — C 急げ
   ④ 닫아라 — D 起きろ

③ ① 金を出せ。
   ② お酒をやめろ。
   ③ 静かにしろ。

④ ① B, 조사해라   ② A, 걸어라
   ③ A, 잘라라

⑤ ① 2   ② 1

Day 32 일본어 여행하기

① ① しなさい | するな
   ② 見なさい | 見るな
   ③ 書きなさい | 書くな
   ④ 入りなさい | 入るな

② ① A   ② B   ③ A

③ ① 野菜も食べなさい。
   ② タバコを吸うな。
   ③ 早く起きなさい。

④ ① そうじしなさい   ② 飲むな
   ③ 話しなさい

⑤ ① 1(3-★1-4-2)   ② 3(2-4-★3-1)

Day 33 일본어 여행하기

① ① B   ② A   ③ B

② ① 守る — A 달리다
   ② 遅れる — B 주의하다
   ③ 注意する — C 지키다
   ④ 走る — D 늦다

③ ① こと   ② ように
   ③ ように   ④ こと

④ ① まよわないように
   ② チェックアウトすること

⑤ ① 4   ② 3

Day 34 일본어 여행하기

① ① から ② ため
   ③ から (=ので/ため)
   ④ ので (=ため)

② ① 学生なのでお酒が飲めない。
   ② 学校は駅から近いから便利だ。
   ③ 台風のため旅行に行けなかった。

③ ① A   ② A   ③ B

④ ① 娘 — A 중지
   ② 朝寝坊 — B 늦잠
   ③ 中止 — C 딸

⑤ ① 1(3-★1-4-2)   ② 1(3-4-★1-2)

Day 35 일본어 여행하기

① ① B   ② A   ③ A

② ① 時々 — A 엄격하다
   ② きびしい — B 물고기
   ③ 魚 — C 싫어하다
   ④ きらいだ — D 때때로

③ ① が   ② のに
   ③ なのに   ④ が

④ ① のに   ② が

⑤ ① 3(4-★3-1-2)   ② 2(4-1-★2-3)

정답

Day 36 일본어 여행하기

1. ① B ② A ③ B
2. ① 参加する — A 참가하다
   ② お口に合う — D 입에 맞다
   ③ 気になる — B 궁금하다
   ④ 戻ってくる — C 돌아오다
3. ① プレゼントは何がいいか聞いた。
   ② 彼の話は本当かどうかわからない。
   ③ 結婚するかしないか考えています。
4. ① か ② かどうか ③ ないか
5. ① 2 ② 4

Day 37 일본어 여행하기

1. ① B ② A ③ A
2. ① ドラマ — D 드라마
   ② ダンス — B 댄스
   ③ スペイン — C 스페인
   ④ ペン — A 펜
3. ① だけでなく ② だけ
4. ① だけ ② だけでなく
   ③ だけ ④ だけでなく
5. ① 3 ② 3

Day 38 일본어 여행하기

1. ① 一口 — C 한 입
   ② 食費 — A 식비
   ③ 風邪 — B 감기
   ④ 毎月 — D 매월

2. ① くらい (＝ぐらい) ② ほど
   ③ ほど│ない
   ④ くらい (＝ぐらい)
3. ① 宿題が山ほどある。
   ② さいふに一万円ぐらいある。
   ③ スマホほど便利なものはない。
4. ① ぐらい ② ほど
5. ① 1(4-★1-3-2) ② 1(2-3-★1-4)

Day 39 일본어 여행하기

1. ① 始まる — B 시작되다
   ② 調べる — D 조사하다
   ③ 出かける — A 외출하다
   ④ 歩く — C 걷다
2. ① っている ② るところだ
   ③ わったところだ
3. ① 会社に戻るところだ
   ② 客と話しているところだ
   ③ メールを送ったところだ
4. ① 降りたところ ② 行くところだ
   ③ まとめているところ
5. ① 2 ② 3

Day 40 일본어 여행하기

1. ① 引っ越す — D 이사하다
   ② 迷う — A 헤매다
   ③ 付き合う — C 사귀다
   ④ 遊ぶ — B 놀다
2. ① たばかりだ
   ② ったばかりだ

③ べて ばかり
③ ① A　② B　③ A
④ ① 日本に来たばかりです。
　② 一日中ゲームしてばかりいる。
　③ 今年大学を卒業したばかりだ。
⑤ ① 2　② 2

Day 41 일본어 여행하기

① ① 京都 — C 교토
　② かう — D 기르다
　③ 意味 — B 뜻
　④ 育つ — A 자라다
② ① といえば　② という
　③ といえば　④ という
③ ① おんせんといえば箱根だね。
　② これは「タンポポ」という花です。
　③ 日本の食べ物といえばすしでしょう。
④ ① といえば　② という
⑤ ① 4(1-★4-2-3)　② 4(2-1-★4-3)

Day 42 일본어 여행하기

① ① 送る — C 보내다
　② 大雪 — A 큰눈
　③ あきらめる — D 포기하다
　④ 辛い — B 괴롭다
② ① ても　② どんなに
　③ たとえ｜も
③ ① A　② B　③ A
④ ① いくら家族でも話せないことはある。
　② どんなに書いても漢字が覚えられない。

③ たとえ宝くじに当たっても会社はやめない。
⑤ ① 1(3-★1-4-2)　② 4(3-2-★4-1)

Day 43 일본어 여행하기

① ① 若者 — B 젊은 사람
　② すてる — C 버리다
　③ 通じる — A 통하다
　④ 本屋 — D 책방
② ① A　② B　③ B
③ ① タバコをなかなかやめられない。
　② 忙しくてあまり旅行に行けない。
　③ 図書館はぜんぜん静かではなかった。
④ ① あまり｜ない
　② なかなか｜ない
　③ ぜんぜん
⑤ ① 4　② 2

Day 44 일본어 여행하기

① ① A　② B
② ① B　② B　③ A　④ A
③ ① 今度また来よう。
　② 6時までに戻ります。
　③ 雨はまだ降っていない。
④ ① できる — A 생기다
　② 返す — D 돌려주다
　③ 遅れる — C 늦다
　④ 出す — B 내다
⑤ ① 3(2-★3-4-1)　② 4(3-1-★4-2)

정답

Day 45 일본어 여행하기

1. ① たせる ② がせる ③ えさせる
2. ① 읽게 하다 — B 読ませる
   ② 쓰게 하다 — C 書かせる
   ③ 입게 하다 — D 着させる
   ④ 먹게 하다 — A 食べさせる
3. ① × ② ○ ③ ×
4. ① 荷物を持たせる ② ミルクを飲ませる
   ③ グラウンドを走らせる
5. ① 3 ② 4

Day 46 일본어 여행하기

1. ① させる ② らせる ③ たせる
2. ① 자게 하다 — C 寝させる
   ② 나오게 하다 — D 出させる
   ③ 걷게 하다 — B 歩かせる
   ④ 사게 하다 — A 買わせる
3. ① テキストを読ませる。
   ② 野球をさせる。
   ③ ニュースを見させる。
4. ① A, 가게 하다 ② B, 그만두게 하다
   ③ A, 만들게 하다
5. ① 4 ② 4

Day 47 일본어 여행하기

1. ① もう一度 — C 다시 한번
   ② 生徒 — B 학생
   ③ さんぽ — D 산책
   ④ ぜひ — A 꼭
2. ① ませて ② たせました ③ らせて
3. ① 書かせます ┃ 書かせてください
   ② 帰らせます ┃ 帰らせてください
   ③ 飲ませます ┃ 飲ませてください
4. ① ここで働かせてください。
   ② 兄にタバコをやめさせる。
   ③ 電話を使わせてください。
5. ① 1 ② 3

Day 48 일본어 여행하기

1. ① られる ② ばれる ③ べられる
2. ① 칭찬받다 — B ほめられる
   ② 보여지다 — A 見られる
   ③ 쓰이다 — D 書かれる
   ④ 밀리다 — C 押される
3. ① ○ ② × ③ ×
4. ① おもちゃが壊される
   ② パーティーが開かれる
   ③ 足をふまれる
5. ① 2(3-★2-1-4) ② 1(2-3-★1-4)

Day 49 일본어 여행하기

1. ① られる ② られる ③ われる

2. ① 먹히다 — A 食べられる
   ② 맞다 — C 打たれる
   ③ 혼나다 — B 叱られる
   ④ 밟히다 — D ふまれる

3. ① ぼうしが脱がれました。
   ② 友だちに招待された。
   ③ 部長に頼まれました。

4. ① B, 듣다/불리다 ② A, 눌리다/밀리다
   ③ A, 만들어지다

5. ① 4 ② 1

Day 50 일본어 여행하기

1. ① かむ — A 물다
   ② こまる — B 곤란하다
   ③ ふむ — D 밟다
   ④ ほめる — C 칭찬하다

2. ① A ② A ③ A

3. ① に | を ② に | られて
   ③ によって

4. ① 山本さんに日本語を教えられた。
   ② バスの中で隣の人に押された。
   ③ 雨に降られて風邪をひきました。

5. ① 3 ② 1

Day 51 일본어 여행하기

1. ① たせられる
   ② させられる
   ③ てさせられる

2. ① — C 食べさせられる
   ② — D やめさせられる
   ③ — A 歌わせられる
   ④ — B おどらせられる

3. ① × ② ○ ③ ×

4. ① おみやげを買わせられる
   ② 飲み会に行かせられる
   ③ 早く起きさせられる

5. ① 1 ② 4

Day 52 일본어 여행하기

1. ① させられる
   ② させられる
   ③ させられる

2. ① A, 억지로 듣다(묻다)
   ② A, 억지로 들어가(오)다
   ③ B, 억지로 하다

3. ① — C 見させられる
   ② — D 乗らせられる
   ③ — A 走らせられる
   ④ — B 調べさせられる

4. ① お金を払わせられた。
   ② 毎日練習させられた。
   ③ 車を止めさせられた。

5. ① 4 ② 4

정답

Day 53 — 일본어 여행하기

1. ① 先輩 — D 선배
   ② 荷物 — B 짐
   ③ 野菜 — A 채소
   ④ 店員 — C 점원

2. ① 作らされる ② 買わされる
   ③ 帰らされる

3. ① B ② A ③ B

4. ① に わ さ れ た
   ② に か さ れ た
   ③ に さ せ ら れ た

5. ① 4(2-★4-1-3) ② 2(1-3-★2-4)

Day 54 — 일본어 여행하기

1. ① 言う — A ご覧になる
   ② くれる — D なさる
   ③ 見る — B くださる
   ④ する — C おっしゃる

2. ① いる ▮ 行く ▮ 来る
   ② 食べる ▮ 飲む

3. ① ニュースをご覧になる
   ② おみやげをくださる
   ③ アメリカからいらっしゃる
   ④ 先生がおっしゃる

4. ① 社長はどちらにいらっしゃいますか。
   ② どうぞめしあがってください。
   ③ 日本のビジネスマナーをご存じですか。

5. ① 1 ② 4

Day 55 — 일본어 여행하기

1. ① B ② B ③ A ④ B

2. ① お ▮ に なる
   ② ご ▮ に なります
   ③ ご ▮ に なる

3. ① 会社にご参加になる。
   ② 新聞をお読みになる
   ③ 先生がご説明になる。

4. ① お降りになる ② お預けになる
   ③ ご来店になる

5. ① 4 ② 3

Day 56 — 일본어 여행하기

1. ① 確認 — C 확인
   ② 注意 — D 주의
   ③ 足元 — B 발 밑
   ④ 参加 — A 참가

2. ① お ▮ ください
   ② ご ▮ ください
   ③ お ▮ ください

3. ① くつをお脱ぎください。
   ② 車にご注意ください。
   ③ エレベーターをご利用ください。

4. ① A ② B ③ A

5. ① 1(3-★1-2-4) ② 4(3-2-★4-1)

일본어 여행하기

1
① いる — D おる
② する — C いたす
③ 会う — B お目にかかる
④ 知っている — A 存じている

2 ① 行く | 来る　② 食べる | 飲む
③ 聞く | 訪ねる

3 ① 電車が参ります
② かき氷をいただきます
③ 写真をはいけんします

4 ① 私はスミスともうします。
② ロビーでお待ちしております。
③ 社長のお宅にうかがいました。

5 ① 2　② 2

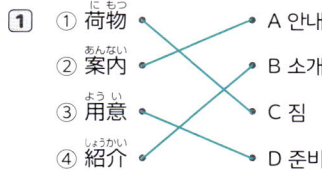

일본어 여행하기

1
① 荷物 — C 짐
② 案内 — A 안내
③ 用意 — D 준비
④ 紹介 — B 소개

2 ① お | いたします
② ご | いたします
③ お | します

3 ① どうぞよろしくお願いします。
② 会社をご案内いたします。
③ カタログをお送りします。

4 ① お運びましょうか
② ご説明します(= ご説明いたします)
③ お知らせします(= お知らせいたします)

5 ① 2　② 3

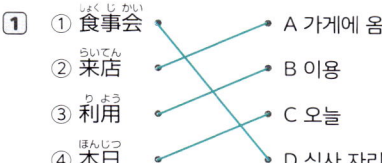

일본어 여행하기

1
① 食事会 — D 식사 자리
② 来店 — A 가게에 옴
③ 利用 — B 이용
④ 本日 — C 오늘

2 ① お | いただき
② ご | いただき
③ お | いただい

3 ① ご連絡いただき、ありがとうございます。
② お招きいただき、ありがとうございます。
③ たくさんの方からご来店いただきました。

4 ① スピーチを お聞き いただき ありがとうございます
② 社長の 奥さまから お弁当を お作り いただきました
③ きれいに お使い いただき ありがとうございます

5 ① 4(2-★-4-3-1)　② 4(2-3-★-4-1)

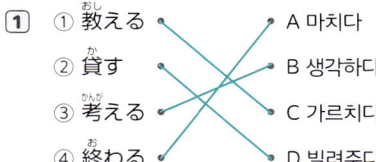

일본어 여행하기

1
① 教える — C 가르치다
② 貸す — D 빌려주다
③ 考える — B 생각하다
④ 終わる — A 마치다

2 ① 読んでいただきました | 読ませていただきます
② 見ていただきました | 見させていただきます
③ 作っていただきました | 作らせていただきます

3 ① べ | て | い | た | だ | き

② っていただき
③ させていただき

④ ① もう一度電話させていただきます。
② 先生にレポートを見ていただきました。
③ 今日は少し休ませていただきます。

⑤ ① 3(2-★3-4-1)　② 4(3-2-★4-1)

진짜학습지

일본어 진짜학습지 스케일업 부록

손글씨 따라쓰기

일본어 진짜학습지 스페셜 부록

손글씨 따라쓰기

진짜 일본어 : 손글씨 따라쓰기

Day 01

① 昨日友だちと遊んだ。　어제 친구와 놀았다.

✏️ _____ 。

② 朝早く学校へ行った。　아침 일찍 학교에 갔다.

✏️ _____ 。

③ 新しいスマホを買った。　새 스마트폰을 샀다.

✏️ _____ 。

Day 02

① 週末にゲームをした。　주말에 게임을 했다.

✏️ _____ 。

② 朝ご飯はもう食べた。　아침밥은 이미 먹었다.

✏️ _____ 。

③ 家族と映画を見た。　가족과 영화를 봤다.

✏️ _____ 。

Day 03

① カフェで本を読んだ。　카페에서 책을 읽었다.

② 家に早く帰った。　집에 일찍 돌아갔다.

③ 日曜日に友だちに会った。　일요일에 친구를 만났다.

Day 04

① おせち料理を食べたことがあります。　오세치 요리를 먹은 적이 있습니다.

② タイ語を学んだことがあります。　태국어를 배운 적이 있습니다.

③ 授業に遅れたことがありません。　수업에 늦은 적이 없습니다.

진짜 일본어 손글씨 따라쓰기

Day 05

① 仕事で海外を行ったり来たりしている。　일로 해외를 왔다 갔다 하고 있다.

② ゆき、一日中笑ってるよね。　유키, 하루 종일 웃고 있어.

③ 何かいいことがあったりして。　뭔가 좋은 일이 있거나 한 거 아냐?

Day 06

① 窓を開けたまま出かけてしまいました。
창문을 열어둔 채로 외출하고 말았습니다.

② エアコンをつけたまま寝るのは体によくない。
에어컨을 켠 채로 자는 것은 몸에 좋지 않다.

③ 化粧を落とさないまま寝てしまった。　화장을 지우지 않은 채 자버렸다.

Day 07

① 疲(つか)れている時(とき)、お風呂(ふろ)に入(はい)ったほうがいいです。
　　피곤할 때 목욕하는 편이 좋습니다.

② ダイエットする時(とき)はお酒(さけ)をやめたほうがいい。
　　다이어트할 때는 술을 끊는 편이 좋다.

③ 寝(ね)る前(まえ)にスマホを使(つか)わないほうがいい。
　　자기 전에 스마트폰을 사용하지 않는 편이 좋아.

Day 08

① 仕事(しごと)のあと(で)飲(の)みに行(い)きませんか。　일 끝난 후에 마시러 가지 않겠습니까?

② シャワーをあびてから寝(ね)ます。　샤워를 하고 나서 잡니다.

③ くつを脱(ぬ)いでから入(はい)ってください。　신발을 벗고 나서 들어가 주세요.

진짜 일본어 : 손글씨 따라쓰기

Day 09

① タクシーに乗れば楽です。　택시를 타면 편합니다.

② コートを着ればあたたかいです。　코트를 입으면 따뜻합니다.

③ 名前を呼べば出てください。　이름을 부르면 나와 주세요.

Day 10

① 日本に来れば会いましょう。　일본에 오면 만납시다.

② 図書館に行けば読んでみたい。　도서관에 가면 읽어 보고 싶다.

③ 時間があればカラオケに行きたい。　시간이 있으면 노래방에 가고 싶다.

Day 11

① この絵は見れば見るほどすばらしい。　이 그림은 보면 볼수록 훌륭하다.

② 道がわからない時は、地図アプリを使えばいい。
길을 모를 때는 지도앱을 사용하면 된다.

③ 10分早く出ればよかった。　10분 일찍 나올 걸 그랬다.

Day 12

① お酒を飲んだら、顔が真っ赤になります。　술을 마시면 얼굴이 새빨개집니다.

② 食事が終わったら、デザートが出ます。　식사가 끝나면 디저트가 나옵니다.

③ 彼女に手紙を書いたらどうですか。　여자친구에게 손 편지를 쓰면 어때요?

진짜 일본어 손글씨 따라쓰기

Day 13

① 左にまがると、コンビニがあります。　　왼쪽으로 돌면 편의점이 있습니다.

② このボタンを押すと、きっぷが出ます。　　이 버튼을 누르면 표가 나옵니다.

③ 早く出ないと間に合わないわよ。　　일찍 나가지 않으면 제시간에 못 맞출 거야.

Day 14

① 日本料理を食べるなら、やはりてんぷらですね。
일본 요리를 먹는다면 역시 튀김이군요.

② コーヒーを飲むなら、一緒に行きましょう。　　커피를 마신다면 같이 갑시다.

③ 京都に行くなら、秋がいい。　　교토에 간다면 가을이 좋다.

Day 15

① 木村さんは会社をやめるそうです。　기무라 씨는 회사를 그만둔다고 합니다.

② 駅前のそば屋さんはまずいそうだ。　역 앞의 메밀국수 가게는 맛없다고 한다.

③ ニュースによると、今年の夏は暑いそうだ。
뉴스에 의하면 올해 여름은 덥다고 한다.

Day 16

① 今にも雨が降りそうです。　당장이라도 비가 내릴 것 같습니다.

② あのケーキ、すごくおいしそうだね。　저 케이크 정말 맛있을 것 같네.

③ そのカレーはあまり辛くなさそうだね。　그 카레는 별로 맵지 않을 것 같네.

진짜 일본어 : 손글씨 따라쓰기

Day 17

① 今度のテスト、難しいようだね。　이번 시험 어려운 것 같아.

② 部長は今留守のようです。　부장님은 지금 부재중이신 것 같습니다.

③ 週末はお客さんが多いみたいです。　주말에는 손님이 많은 듯합니다.

Day 18

① あそこのパンはおいしいらしい。　저 곳의 빵은 맛있는 것 같다.

② 森さんは来月で会社をやめるらしい。
모리 씨는 다음 달로 회사를 그만둔다는 것 같다.

③ あきらめるなんて君らしくないよ。　포기하다니 너답지 않아.

Day 19

① 明日大雪が降るかもしれない。　내일 큰 눈이 올지도 모른다.

② 田中さんは今日来ないかもしれないよ。　다나카 씨는 오늘 오지 않을지도 몰라.

③ 今回はきっと合格するだろう。　이번에는 꼭 합격하겠지.

Day 20

① 気をつけて！まだ熱いと思う。　조심해! 아직 뜨거울 것 같아.

② このボタンを押すと、電気がつくはずです。
이 버튼을 누르면 불이 켜질 것입니다.

③ 右にまがると、高いビルが見えるはずです。
오른쪽으로 돌면 높은 빌딩이 보일 것입니다.

진짜 일본어 손글씨 따라쓰기

Day 21

① 早(はや)く急(いそ)ごう。　빨리 서두르자(서둘러야지).

② タクシーに乗(の)ろう。　택시를 타자(타야지).

③ 家(いえ)に帰(かえ)ろう。　집에 돌아가자(돌아가야지).

Day 22

① 公園(こうえん)で待(ま)とう。　공원에서 기다리자(기다려야지).

② 映画(えいが)を見(み)よう。　영화를 보자(봐야지).

③ 日本語(にほんご)を勉強(べんきょう)しよう。　일본어를 공부하자(공부해야지).

Day 23

① バイトをしてお金をため**ようとしています**。　아르바이트를 해서 돈을 모으려고 해요.

② 今日からダイエットし**ようと思う**。　오늘부터 다이어트하려고 한다.

③ 一緒にご飯でも食べ**ようか**。　같이 밥이라도 먹을까?

Day 24

① 家族とフランスに行く**つもりだ**。　가족과 프랑스에 갈 생각이다.

② 寝る前に日記をつける**つもりだ**。　자기 전에 일기를 쓸 생각이다.

③ 来年結婚する**予定**です。　내년에 결혼할 예정입니다.

진짜 일본어 : 손글씨 따라쓰기

Day 25

① 留学に行かないことにしました。   유학을 가지 않기로 했습니다.

② お酒をやめることにしました。   술을 끊기로 했습니다.

③ 急に手術することになった。   갑자기 수술하게 되었다.

Day 26

① スミスは日本語で話せる。   스미스는 일본어로 이야기할 수 있다.

② 品川駅でリムジンバスに乗れる。   시나가와역에서 리무진 버스를 탈 수 있다.

③ マリアは納豆が食べられます。   마리아는 낫토를 먹을 수 있습니다.

Day 27

① コンビニで雑誌が買える。　　편의점에서 잡지를 살 수 있다.

② 旅館でおんせんも入れます。　　료칸에서 온천도 들어갈 수 있습니다.

③ 日本語のメニューが読めますか。　　일본어 메뉴를 읽을 수 있습니까?

Day 28

① 私はベトナム語ができる。　　나는 베트남어를 할 수 있다.

② この店ではWi-Fiを使うことができない。
이 가게에서는 와이파이를 사용할 수 없다.

③ うちの子はまだ漢字が書けない。　　우리 아이는 아직 한자를 쓸 수 없다.

진짜 일본어 손글씨 따라쓰기

Day 29

① これから野菜も食べるようにする。　앞으로 야채도 먹도록 할게.

② できるだけ早く着くようにします。　되도록 빨리 도착하도록 하겠습니다.

③ ピアノが上手にひけるようになりました。　피아노를 잘 치게 되었습니다.

Day 30

① 早く起きろ。　일찍 일어나라.

② 名前はえんぴつで書け。　이름은 연필로 써라.

③ 大きい声で歌え。　큰 소리로 노래해라.

Day 31

① 駅前で待て。　역 앞에서 기다려라.

② 皿を持って来い。　접시 갖고 와라.

③ 好きにしろ。　좋을 대로 해라.

Day 32

① 図書館では静かにしなさい。　도서관에서는 조용히 하세요.

② まだあきらめるな。　아직 포기하지 마.

③ あぶないから触るな。　위험하니까 만지지 마.

진짜 일본어 손글씨 따라쓰기

Day 33

① 約束は守ること。   약속은 지킬 것.

② 廊下では走らないこと。   복도에서는 뛰지 말 것.

③ 会社のルールを守るようにしましょう。   회사의 규칙을 지키도록 합시다.

Day 34

① 彼は親切だから人気があります。   그는 친절해서 인기가 있습니다.

② 朝寝坊をしたので、学校に遅刻しました。   늦잠을 자서 학교에 지각했습니다.

③ 事故のため、電車が遅れています。   사고로 인해 전철이 늦어지고 있습니다.

Day 35

① 魚は好きですが、肉はきらいです。　생선은 좋아하지만 고기는 싫어합니다.

② 春なのに雪が降っている。　봄인데 눈이 내리고 있다.

③ 待ったのに彼女は来なかった。　기다렸는데 그녀는 오지 않았다.

Day 36

① 好きかきらいかはっきりしてください。　좋은지 싫은지 확실히 해 주세요.

② 先生と相談して大学に行くか行かないかを決めます。
선생님과 상담하여 대학에 갈지 안 갈지를 결정하겠습니다.

③ お口に合うかどうかわかりませんが、どうぞ。
입에 맞을지 어떨지 모르겠지만 드셔 보세요.

진짜 일본어 : **손글씨 따라쓰기**

Day 37

① ペンだけ持ってきてもいいです。　펜만 들고 와도 됩니다.

② 君にだけ教えてあげる。　너에게만 알려줄게.

③ 彼は英語だけでなく、スペイン語も話せる。
그는 영어뿐만 아니라 스페인어도 말할 수 있다.

Day 38

① 一口ぐらいは食べてもいいよ。　한 입 정도는 먹어도 돼.

② 仕事が山ほどあります。　일이 산더미만큼 있습니다.

③ 彼ほどきちょうめんな人はいない。　그만큼 꼼꼼한 사람은 없다.

Day 39

① 映画が始まるところです。　영화가 시작되려는 참입니다.

✏️ _____。

② 公園を歩いているところです。　공원을 한창 걷는 중입니다.

✏️ _____。

③ 一階のロビーに着いたところです。　1층 로비에 막 도착한 참입니다.

✏️ _____。

Day 40

① 一日中スマホを見てばかりいます。　하루 종일 스마트폰을 보고만 있습니다.

✏️ _____。

② 彼女とは付き合ったばかりだ。　여자친구와는 사귄 지 얼마 안 됐다.

✏️ _____。

③ この靴は買ったばかりです。　이 신발은 산 지 얼마 안 됐습니다.

✏️ _____。

진짜 일본어 : 손글씨 따라쓰기

Day 41

① この漢字は何という意味ですか。 이 한자는 뭐라고 하는 뜻이에요?

② 日本の春といえばさくらでしょう。 일본의 봄이라면 벚꽃이죠.

③ 京都といえば清水寺が有名です。 교토라고 하면 기요미즈데라가 유명합니다.

Day 42

① どんなに辛くても仕事はやめられない。 무리 힘들어도 일은 그만둘 수 없다.

② 彼にいくらメールを送っても返事は来なかった。
그에게 아무리 메일을 보내도 답장은 오지 않았다.

③ たとえ日本人でも、あの漢字は読めないでしょう。
비록 일본인이라도 저 한자는 읽을 수 없겠지요.

Day 43

① 妹の部屋はあまりきれいではない。　여동생의 방은 별로 깨끗하지 않다.

② この店のパンは有名でなかなか買えない。
이 가게 빵은 유명해서 좀처럼 살 수 없다.

③ 3時間も待って買ったのにぜんぜんおいしくない。
3시간이나 기다려서 샀는데 전혀 맛있지 않다.

Day 44

① 明日、また会いましょう。　내일 다시 만납시다.

② 私の日本語はまだまだです。　저의 일본어(실력)는 아직 멀었습니다.

③ 今日の授業はここまでです。　오늘 수업은 여기까지입니다.

진짜 일본어 : 손글씨 따라쓰기

Day 45

① ゴミは持って帰らせる。　쓰레기는 갖고 돌아가게 하다.

✏️ _____。

② 浅草まで行き方を調べさせる。　아사쿠사까지 가는 법을 조사하게 하다.

✏️ _____。

③ 弟にすきやきを作らせた。　남동생에게 스키야키(불고기 전골)을 만들게 했다.

✏️ _____。

Day 46

① 友だちに東京バナナを買って来させた。　친구에게 도쿄 바나나를 사 오게 했다.

✏️ _____。

② 部屋の中では禁煙させる。　방 안에서는 금연시키다.

✏️ _____。

③ ドリンクバーを利用させる。　드링크 바를 이용하게 하다.

✏️ _____。

Day 47

① 兄は弟に犬のさんぽをさせました。　형은 남동생에게 개 산책을 시켰습니다.

② 今日は早く帰らせてください。　오늘은 일찍 돌아가게 해주세요.

③ この仕事、ぜひ私にさせてください。　이 일 꼭 제가 하게 해주세요.

Day 48

① 北海道は雪国と呼ばれる。　홋카이도는 설국이라고 불린다.

② 横浜は港町で知られている。　요코하마는 항구 도시로 알려져 있다.

③ 江戸時代に建てられた寺です。　에도시대에 세워진 절입니다.

진짜 일본어 손글씨 따라쓰기

Day 49

① 知らない人に道を聞かれた。 　모르는 사람이 길을 물었다.

② 池袋行きのリムジンバスを案内された。 　이케부쿠로행 리무진 버스를 안내받았다.

③ 和室に予約されました。 　일본식 방으로 예약되었습니다.

Day 50

① 犬に手をかまれました。 　개한테 손을 물렸습니다.

② 赤ちゃんに泣かれて寝られなかった。 　아이가 울어서 잘 수 없었다.

③ この小説は夏目漱石によって書かれた。 　이 소설은 나쓰메 소세키에 의해 쓰였다.

Day 51

① レンタカーを借りさせられた。　렌터카를 어쩔 수 없이 빌렸습니다.

② タクシー代を払わせられた。　택시비를 어쩔 수 없이 지불했다.

③ 新しいパスポートを作らせられた。　새 여권을 어쩔 수 없이 만들었다.

Day 52

① 福岡のガイドをさせられた。　후쿠오카의 가이드를 어쩔 수 없이 했다.

② すしの中にあるわさびを食べさせられた。
초밥 안에 있는 고추냉이를 어쩔 수 없이 먹었다.

③ みんなの前で歌わせられた。　모두 앞에서 억지로 노래했다.

Day 53

① 休(やす)みなのに、社長(しゃちょう)に働(はたら)かせられた。
쉬는 날인데 사장님 때문에 어쩔 수 없이 일했다.

② 友(とも)だちに1時間(じかん)も待(ま)たされた。　친구 때문에 1시간이나 어쩔 수 없이 기다렸다.

③ 店員(てんいん)にいらない服(ふく)を買(か)わされた。　점원 때문에 필요 없는 옷을 억지로 샀다.

Day 54

① シャトルバス乗(の)り場(ば)をご存(ぞん)じですか。　셔틀버스 타는 곳을 알고 계시나요?

② デザートをめしあがりますか。　디저트를 드시겠습니까?

③ 明治神宮(めいじじんぐう)でおまもりを買(か)ってくださいました。
메이지 신궁에서 부적을 사 주셨습니다.

Day 55

① 何時にお帰りになりますか。　몇 시에 돌아가십니까?

② 山口先生がお書きになった本です。　야마구치 선생님이 쓰신 책입니다.

③ 初めてご利用になる方へ。　처음 이용하시는 분께.

Day 56

① 少しお待ちください。　잠시만 기다려 주십시오.

② 足元にご注意ください。　발 밑에 주의해 주세요.

③ 明日のスケジュールをご確認ください。　내일 스케줄을 확인해 주세요.

진짜 일본어 손글씨 따라쓰기

Day 57

① 新橋駅の西口で待っております。　신바시역 서쪽 출구에서 기다리고 있습니다.

② まもなく横浜に到着いたします。　곧 요코하마에 도착합니다.

③ 夏休みにかまくらに行って参りました。　여름 방학에 가마쿠라에 갔다 왔습니다.

Day 58

① 部屋まで荷物をお持ちします。　방까지 짐을 들어 드리겠습니다.

② 駅までお送りいたします。　역까지 배웅해 드리겠습니다.

③ 山田さんをご紹介します。　야마다 씨를 소개하겠습니다.

Day 59

① 本日、お集まりいただき、ありがとうございます。
오늘 모여 주셔서 감사합니다.

② ご来店いただき、ありがとうございます。　가게에 와 주셔서 감사합니다.

③ いつもご利用いただき、ありがとうございます。
항상 이용해 주셔서 감사합니다.

Day 60

① 先生に本を貸していただきました。　선생님께서 책을 빌려주셨습니다.

② お先に帰らせていただきます。　(상대에게 양해를 구하며) 먼저 돌아가겠습니다.

③ もう一度考えさせていただきます。
(상대에게 양해를 구하며) 다시 한번 생각하겠습니다.

진짜학습지

진짜학습지

일본어 진짜학습지 스테엉 ✓ 부록

일본어능력시험
JLPT N4
모의테스트

일본어 진짜학습지 스텝업 부록

일본어능력시험
JLPT N4
모의테스트

일본어 진짜학습지 스텝업 부록 JLPT N4 언어지식 모의테스트

일본어 진짜학습지 모의테스트는 실제 기출된 어휘를 가지고 재구성한 문제입니다.
문제 옆 동그라미 숫자 ㉒㉑은 기출 연도를 말해요.
시험 보기 전 꼭 점검해 보세요~!

■ 언어지식 (문자·어휘·문법)

과목	문제유형		문항 X 배점	점수
문자·어휘	문제 1	한자읽기	7문 x 1점	7
	문제 2	표기	5문 x 1점	5
	문제 3	문맥규정	8문 x 1점	8
	문제 4	유의표현	4문 x 1점	4
	문제 5	용법	4문 x 1점	4
문법	문제 1	문법형식 판단	13문 x 1점	13
	문제 2	문장만들기	4문 x 2점	8
	문제 3	글의 문법	4문 x 2점	8
합계				57점

★득점환산법(60점 만점): [득점] ÷ 57 x 60 = [　　]점

※위의 배점표는 언어지식만 산출하여 작성한 것이며, 실제 시험과는 오차가 생길 수 있습니다.

Language Knowledge(Vocabulary)　　　　　　　　　　もんだいようし

N4

げんごちしき (もじ・ごい)
(25ふん)

ちゅうい
Notes

1. しけんが はじまるまで、この もんだいようしを あけないで ください。
   Do not open this question booklet until the test begins.

2. この もんだいようしを もって かえる ことは できません。
   Do not take this question booklet with you after the test.

3. じゅけんばんごうと なまえを したの らんに、じゅけんひょうと おなじように かいて ください。
   Write your examinee registration number and name clearly in each box below as written on your test voucher.

4. この もんだいようしは、ぜんぶで 9ページ あります。
   This question booklet has 9 pages.

5. もんだいには かいとうばんごうの 1 、2 、3 … が あります。
   かいとうは、かいとうようしに ある おなじ ばんごうの ところに マークして ください。
   One of the row numbers 1 , 2 , 3 … is given for each question. Mark your answer in the same row of the answer sheet.

じゅけんばんごう　Examinee Registration Number	

なまえ　Name	

もんだい1 ＿＿＿＿の ことばは ひらがなで どう かきますか。
1・2・3・4から いちばん いい ものを ひとつ えらんで ください。

（れい）　あしたは 雨ですか。
　　　　　1　はれ　　　2　あめ　　　3　ゆき　　　4　くもり

（かいとうようし）　（れい）　① ● ③ ④

[1]　顔が あかく なりましたね。⑭
　　1　くつ　　　2　あたま　　　3　ふく　　　4　かお

[2]　えきの 前で 工事を して います。㉒㉔
　　1　こうじ　　2　こうごと　　3　こじ　　　4　こごと

[3]　かぜが 強く なりました。⑪⑬
　　1　つめたく　2　あたたかく　3　よわく　　4　つよく

[4]　だいたい 5分ぐらいで 着きます。⑪
　　1　わきます　2　あきます　　3　つきます　4　ききます

5 ここは ちょっと 不便です。
　1　ふべん　　　2　ぶべん　　　3　ふへん　　　4　ぶへん

6 やまださんの お姉さんは 日本に すんで います。
　1　おかあさん　2　おねえさん　3　おとうとさん　4　おにいさん

7 わたしは 最近 ヨガを 習って います。
　1　かよって　　2　まって　　　3　ならって　　　4　のって

もんだい2 ＿＿＿＿の ことばは どう かきますか。
1・2・3・4から いちばん いい ものを ひとつ えらんで ください。

(れい) この ざっしを みて ください。
1 買て　　2 見て　　3 貝て　　4 目て

(かいとうようし)　(れい)　① ● ③ ④

8 ここは すこし くらいですね。
1 暗い　　2 明い　　3 暑い　　4 寒い

9 あの 店の 人は とても しんせつでした。
1 新切　　2 静切　　3 親切　　4 都切

10 おもちゃうりばは どこですか。
1 売り場　　2 売り所　　3 完り場　　4 完り所

11 いつも 駅前の スーパーで やさいを 買います。
1 理薬　　2 野薬　　3 理菜　　4 野菜

12 映画は 4時に おわります。
1 開わります　　2 始わります　　3 終わります　　4 閉わります

もんだい3 （　　　）に なにを いれますか。
1・2・3・4から いちばん いい ものを ひとつ えらんで ください。

（れい）　くるまが 3（　　）あります。
　　　　　1　さつ　　　2　まい　　　3　だい　　　4　ひき

（かいとうようし）　｜（れい）｜ ① ② ● ④ ｜

13　パソコンが（　　　）したので なおして もらいました。
　　1　うんてん　　2　うんどう　　3　こしょう　　4　しっぱい

14　電車の 中で さいふを（　　　）しまいました。
　　1　おとして　　2　おろして　　3　おって　　4　わって

15　あの レストランの（　　　）には 英語の せつめいも 書いて あります。
　　1　サービス　　2　チップ　　3　アルバイト　　4　メニュー

16　こちらの エレベーターを（　　　）して ください。
　　1　じゅんび　　2　りよう　　3　せつめい　　4　こしょう

17 旅行は どこが いいか、みなさんに（　　　）を 聞いて 決めましょう。
　　1　そうだん　　　2　さんせい　　　3　しつもん　　　4　いけん

18 すずきさんも 来週の パーティーに（　　　）来て ください。
　　1　ときどき　　　2　ぜひ　　　　　3　じゅうぶん　　4　いつも

19 この プールは（　　　）ので、気を つけて ください。
　　1　あたらしい　　2　ひろい　　　　3　ふかい　　　　4　たかい

20 ここに 自転車を（　　　）ください。
　　1　やまないで　　2　しめないで　　3　とめないで　　4　きめないで

もんだい4 ＿＿＿＿の ぶんと だいたい おなじ いみの ぶんが あります。
　　　　　1・2・3・4から いちばん いい ものを ひとつ えらんで ください。

（れい）　あの　人は　うつくしいですね。
　　　1　あの　人は　きれいですね。
　　　2　あの　人は　元気ですね。
　　　3　あの　人は　おもしろいですね。
　　　4　あの　人は　わかいですね。

（かいとうようし）　（れい）　● ② ③ ④

21　すみません。ここは　きんえんです。⑭
　　　1　ここで　たべものを　食べては　いけません。
　　　2　ここで　しゃしんを　とっては　いけません。
　　　3　ここで　のみものを　飲んでは　いけません。
　　　4　ここで　たばこを　すっては　いけません。

22　服が　よごれて　います。⑪
　　　1　服が　ふるいです。
　　　2　服が　きたないです。
　　　3　服が　きれいです。
　　　4　服が　ちいさいです。

23 ここは くうこうです。㉑ ㉔

　　1　ここは　じてんしゃに　のる　ところです。
　　2　ここは　ひこうきに　のる　ところです。
　　3　ここは　しんかんせんに　のる　ところです。
　　4　ここは　でんしゃに　のる　ところです。

24 きょう　先生(せんせい)に　しかられました。⑭

　　1　きょう　先生(せんせい)に　わらわれました。
　　2　きょう　先生(せんせい)に　ほめられました。
　　3　きょう　先生(せんせい)に　たのまれました。
　　4　きょう　先生(せんせい)に　おこられました。

もんだい5 つぎの ことばの つかいかたで いちばん いい ものを
　　　　　1・2・3・4から ひとつ えらんで ください。

(れい)　おたく
　　1　こんど おたくに 遊びに きて ください。
　　2　また、おたくを する ときは おしえて ください。
　　3　もしもし、田中さんの おたくですか?
　　4　こどもには おたくが ひつようです。

(かいとうようし)　(れい)　① ② ● ④

25　せんたく
　　1　シャンプーで かみを せんたくしました。
　　2　きのう、へやを せんたくしました。
　　3　家へ 帰って てを せんたくしました。
　　4　シャツと スカートを せんたくしました。

26　にぎやか
　　1　こんしゅうは しごとが にぎやかです。
　　2　きょうは おまつりが あって、まちが にぎやかです。
　　3　わたしは 子どもの ときから こえが にぎやかでした。
　　4　くるまの おとが とても にぎやかです。

27 せまい ㉑

1 おなかが せまいので 食べられません。
2 道が せまいので とおれません。
3 この 川は せまいので あんぜんです。
4 さいきん 服が せまく なりました。

28 よやく ⑪

1 りーさんと けっこんの よやくを しました。
2 きょうは ともだちと よやくが あります。
3 しゅうまつは おんせんに 行く よやくです。
4 この ホテルは インターネットで よやくが できます。

Language Knowledge(Grammar)

問題用紙

N4

言語知識（文法）
（20分）

注　意
Notes

1. 試験が始まるまで、この問題用紙をあけないでください。
   Do not open this question booklet until the test begins.
2. この問題用紙を持って帰ることはできません。
   Do not take this question booklet with you after the test.
3. 受験番号となまえをしたの欄に、受験票と同じようにかいてください。
   Write your examinee registration number and name clearly in each box below as written on your test voucher.
4. この問題用紙は、全部で6ページあります。
   This question booklet has 6 pages.
5. 問題には解答番号の 1 、 2 、 3 …があります。
   回答は、解答用紙にあるおなじ番号のところにマークしてください。
   One of the row numbers 1, 2, 3 … is given for each question. Mark your answer in the same row of the answer sheet.

| じゅけんばんごう　Examinee Registration Number | |

| なまえ　Name | |

もんだい1　（　　　）に　何を　入れますか。
1・2・3・4から　いちばん　いい　ものを　一つ　えらんで　ください。

(れい)　電車（　　）会社へ　行きます。
　　　　1　し　　　　2　と　　　　3　で　　　　4　に

(かいとうようし)　｜(れい)｜① ② ● ④｜

1　バターは　ぎゅうにゅう（　　　）作られます。
　　1　が　　　　2　の　　　　3　も　　　　4　から

2　きのうは　かぜ（　　　）会社を　休みました。
　　1　に　　　　2　で　　　　3　も　　　　4　を

3　(ケーキ屋で)
　客「すみません。いちごのケーキと、マンゴのケーキを　1つ（　　　）ください。」
　　1　と　　　　2　が　　　　3　ずつ　　　　4　など

4　会議は　何時に（　　　）知って　いますか。
　　1　始まるなら　　2　始まれば　　3　始まるから　　4　始まるか

5　A「これ、あまいですね。」
　B「えっ？　そうですか。私（　　　）あまくないですよ。」
　　1　では　　　　2　には　　　　3　と　　　　4　へ

6　朝、私は いつも コーヒーしか（　　　）。
　1　飲みます　　　　　　　　　2　飲みません
　3　飲むことができます　　　　4　飲むかもしれません

7　ニュース（　　　）午後から 大雨だそうです。
　1　に見ると　　2　にすると　　3　によると　　4　になると

8　今日 しごとが（　　　）飲みに 行きましょう。
　1　終わっても　　2　終わったら　　3　終わらないと　　4　終わらなければ

9　A「あっ、（　　　）12時50分ですよ。」
　B「えっ、授業が 始まりますね。いそぎましょう。」
　1　まだ　　2　また　　3　もう　　4　かならず

10　私は 来週 山に（　　　）つもりです。
　1　のぼる　　2　のぼった　　3　のぼろう　　4　のぼりたい

11　私は ダイエットを（　　　）毎日 ジョギングを して います。
　1　するので　　2　するために　　3　したので　　4　したために

12　インターネットを 使えば（　　　）買い物が できて 便利です。
　1　いつでも　　2　いつまで　　3　どこから　　4　どこにも

13　駅前の 店では いろいろな しゅるいの うどんが（　　　）。
　1　食べる　　2　食べられる　　3　食べさせる　　4　食べさせられる

もんだい2 ___★___ に 入る ものは どれですか。
1・2・3・4から いちばん いい ものを 一つ えらんで ください。

(問題例)
　　　すみません。_____ _____ ___★___ _____ か。
　　　1 です　　　　2 は　　　　3 トイレ　　　4 どこ

(答え方)
1. 正しい 文を 作ります。

　　　すみません。_____ _____ ___★___ _____ か。
　　　　　　　　　3 トイレ 2 は 4 どこ 1 です

2. ___★___ に 入る 番号を 黒く 塗ります。

　　(解答用紙)　　(例) ① ② ③ ●

14　最近、仕事が いそがしくて、_____ _____ ___★___ _____ ことが 多い。⑫
　　1 帰る　　　　2 なる　　　　3 遅く　　　　4 のが

15　夏休みに 友だちが _____ ___★___ _____ なった。⑱
　　1 から　　　　2 に　　　　3 アメリカ　　　4 来ること

16 できる _____ _____ ★ _____ わかりません。⑫

　1　か　　　　　2　やって　　　　3　みないと　　　4　どうか

17 (家で)
A「何か　てつだうよ。」
B「あ、じゃあ、れいぞうこに　入って _____ _____ ★ _____ くれる？」⑱

　1　やさいを　　2　おいて　　　　3　いる　　　　　4　出して

もんだい3 　18　から　21　に　何を　入れますか。文章の　意味を　考えて、
1・2・3・4から　いちばん　いい　ものを　一つ　えらんで　ください。

下の　文章は、留学生の　作文です。

みなさん、

お元気ですか。　私は　元気です。
タイに　　18　、もう　1か月に　なりました。
こちらでは、日本人の　友だちも　いないし、ぜんぜん　日本語を　使いません。
ですから、すぐに　日本語を　　19　かもしれません。少し　心配です。
日本で　最後の　日、パーティーを　して　くれて　ありがとうございました。
パーティーで　とった　写真を　見ると、　20　。
みんなが　作って　くれた　ケーキも　とても　おいしかったです。
本当に　ありがとうございました。
　21　いつか　会えるのを　楽しみに　して　います。

タンサニー

| 18 | 1 行って | 2 帰って いって |
| | 3 行って きて | 4 帰って きて |

| 19 | 1 忘れて しまう | 2 忘れない |
| | 3 忘れなく なる | 4 忘れる ため |

| 20 | 1 うれしかったです | 2 うれしくなります |
| | 3 うれしくなかったです | 4 うれしくあります |

| 21 | 1 まず | 2 また | 3 きっと | 4 ぜひ |

일본어 진짜학습지 스텝업 부록
JLPT N4 언어지식 모의테스트 정답표

✈ 언어지식(문자·어휘)

문제1

1	2	3	4	5	6	7
4	1	4	3	1	2	3

문제2

8	9	10	11	12
1	3	1	4	3

문제3

13	14	15	16	17	18	19	20
3	1	4	2	4	2	3	3

문제4

21	22	23	24
4	2	2	4

문제5

25	26	27	28
4	2	2	4

✈ 언어지식(문법)

문제1

1	2	3	4	5	6	7	8	9
4	2	3	4	2	2	3	2	3

10	11	12	13
1	2	1	2

문제2

14	15	16	17
3	1	2	4

문제3

18	19	20	21
4	1	2	2

진짜학습지

일본어 진짜학습지 스텝업 부록

일본어능력시험
JLPT N3
모의테스트

일본어 진짜학습지 스텝업 부록

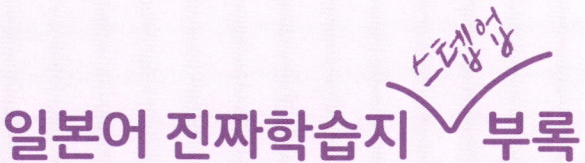

일본어능력시험
JLPT N3 모의테스트

일본어 진짜학습지 스텝업 부록 　JLPT N3 언어지식 모의테스트

> 일본어 진짜학습지 모의테스트는 실제 기출된 어휘를 가지고 재구성한 문제입니다.
> 문제 옆 동그라미 숫자 ㉒㉑은 기출 연도를 말해요.
> 시험 보기 전 꼭 점검해 보세요~!

■ 언어지식 (문자・어휘・문법)

과목	문제유형		문항 X 배점	점수
문자・어휘	문제 1	한자읽기	8문 x 1점	8
	문제 2	표기	6문 x 1점	6
	문제 3	문맥규정	11문 x 1점	11
	문제 4	유의표현	5문 x 1점	5
	문제 5	용법	5문 x 1점	5
문법	문제 1	문법형식 판단	13문 x 1점	13
	문제 2	문장만들기	5문 x 2점	10
	문제 3	글의 문법	5문 x 2점	10
합계				68점

★득점환산법(60점 만점): [득점] ÷ 68 x 60 = [　　]점

※위의 배점표는 언어지식만 산출하여 작성한 것이며, 실제 시험과는 오차가 생길 수 있습니다.

Language Knowledge(Vocabulary)　　　　　　　　　　　　もんだいようし

N3

げんごちしき (もじ・ごい)
(30ぷん)

ちゅうい
Notes

1. しけんが はじまるまで、この もんだいようしを あけないで ください。
   Do not open this question booklet until the test begins.

2. この もんだいようしを もって かえる ことは できません。
   Do not take this question booklet with you after the test.

3. じゅけんばんごうと なまえを したの らんに、じゅけんひょうと おなじように かいて ください。
   Write your examinee registration number and name clearly in each box below as written on your test voucher.

4. この もんだいようしは、ぜんぶで 9ページ あります。
   This question booklet has 9 pages.

5. もんだいには かいとうばんごうの ①、②、③…が あります。
   かいとうは、かいとうようしに ある おなじ ばんごうの ところに マークして ください。
   One of the row numbers ①, ②, ③ … is given for each question. Mark your answer in the same row of the answer sheet.

| じゅけんばんごう　Examinee Registration Number | |

| なまえ　Name | |

もんだい1 ＿＿＿＿のことばの読み方として最もよいものを、1・2・3・4から一つえらびなさい。

（れい）　あしたは　雨ですか。
　　　　　1　はれ　　　2　あめ　　　3　ゆき　　　4　くもり

　　　　　(解答用紙)　　（れい）　①　●　③　④

1　このあたりの自然はとても美しい。
　　1　じぜん　　　2　じぜい　　　3　しぜん　　　4　しぜい

2　先輩が払ってくれました。
　　1　くばって　　2　はらって　　3　ひろって　　4　ならって

3　もう少し速く走りましょう。
　　1　はやく　　　2　おそく　　　3　いたく　　　4　からく

4　その荷物を運んでください。
　　1　しなもつ　　2　しなもの　　3　にもつ　　　4　にもの

5　丸いテーブルがほしい。
　　1　ほそい　　　2　かるい　　　3　まるい　　　4　ひくい

6　両親と相談して決めます。
　　1　ぞだん　　　2　ぞうだん　　3　そだん　　　4　そうだん

7 メールアドレスは覚えていません。⑭ ㉓
　　1　おしえて　　　2　おぼえて　　　3　かえて　　　4　かんがえて

8 来月、スポーツ大会があります。⑭
　　1　たいがい　　　2　だいかい　　　3　たいかい　　　4　だいがい

もんだい2 ＿＿＿のことばを漢字で書くとき、最もよものを、1・2・3・4から一つえらびなさい。

（れい）　この　ざっしを　みて　ください。
　　　　1　買て　　　　2　見て　　　　3　貝て　　　　4　目て

　　　(解答用紙)　　（れい）　①　●　③　④

9　田中さんにカメラをかりました。
　　1　代りました　　2　換りました　　3　貸りました　　4　借りました

10　かみをみじかく切ってください。
　　1　細かく　　　　2　短かく　　　　3　丸かく　　　　4　角かく

11　ここにちゅうしゃしてはいけません。
　　1　駅車　　　　　2　駐車　　　　　3　停車　　　　　4　亭車

12　あかいペンで書いてください。
　　1　青い　　　　　2　白い　　　　　3　赤い　　　　　4　黒い

13　家族のしあわせをねがっている。
　　1　顧って　　　　2　願って　　　　3　頼って　　　　4　頻って

14　このアパートにはわかい人がたくさん住んでいる。
　　1　孝い　　　　　2　苦い　　　　　3　老い　　　　　4　若い

もんだい3 （　　　）に入れるのに最もよいものを、1・2・3・4から一つえらびなさい。

（れい）　くるまが　3（　　）　あります。
　　　　　1　さつ　　　　2　まい　　　　3　だい　　　　4　ひき

（解答用紙）　（れい）　①　②　●　④

15　私たちの（　　　）は、1位になることです。
　　1　予報　　　　2　目標　　　　3　効果　　　　4　完成

16　今度のレポートは、読書という（　　　）で書こうと思います。
　　1　プログラム　　2　ヒント　　3　テーマ　　4　インフォメーション

17　今年からは外国語の勉強に（　　　）しようと思っている。
　　1　アクセス　　2　セット　　3　オープン　　4　チャレンジ

18　カフェのドアを開けたら、コーヒーのいい（　　　）がした。
　　1　味　　　　2　香り　　　　3　色　　　　4　気分

19　このくつは、わたしの足に（　　　）合っているので、歩きやすいです。
　　1　うっかり　　2　ぴったり　　3　ぺらぺら　　4　ふらふら

20 今日の試合に負けてしまってとても（　　）です。⑭

1　くさい　　　2　うるさい　　　3　こわい　　　4　くやしい

21 来週の土曜日はカラオケ大会です。大会の（　　）は朝9時に会場に来てください。⑭

1　平日　　　2　休日　　　3　当日　　　4　先日

22 受付に行ったら、海外旅行の（　　）がたくさん置いてあった。⑭

1　アナウンス　　　2　コマーシャル　　　3　サンプル　　　4　パンフレット

23 友だちが退院したので、（　　）に何かおくりたいと思っています。⑭

1　お願い　　　2　お祝い　　　3　お代わり　　　4　おみまい

24 この公園は、子どもは大人の半分の（　　）で入ることができるそうだ。⑮

1　貯金　　　2　有料　　　3　料金　　　4　物価

25 わたしは料理を勉強しているので、和食の作り方に（　　）があります。⑮

1　見物　　　2　好物　　　3　趣味　　　4　興味

もんだい4 ＿＿＿＿に意味が最も近いものを、1・2・3・4から一つえらびなさい。

（れい）　会場には人がまったくいなかった。
　　　　1　ぜんぜん　　2　あまり　　3　まだ　　4　もう

（解答用紙）　（れい）　●　②　③　④

26　山下さんならさっき帰りましたよ。
　　1　すぐに　　2　ずっと前に　　3　やっと　　4　少し前に

27　機会があれば、行ってみたいです。
　　1　サービス　　2　アルバイト　　3　チャンス　　4　アイディア

28　一人でこの山に登るのは不安だ。
　　1　心配だ　　2　さびしい　　3　きけんだ　　4　つまらない

29　この決まりについて、みなさんはどう思いますか。
　　1　コスト　　2　ルール　　3　プライド　　4　アドバイス

30　このアルバイトはきついです。
　　1　簡単　　2　つまらない　　3　楽しい　　4　大変

もんだい5 つぎのことばの使い方としてよいものを、1・2・3・4から一つえらびなさい。

(れい) おたく
1 こんど おたくに 遊びに きて ください。
2 また、おたくを する ときは おしえて ください。
3 もしもし、田中さんの おたくですか？
4 こどもには おたくが ひつようです。

(解答用紙)　(れい)　① ② ● ④

[31] 修理 ⑮
1 友だちとけんかをしたので、謝って関係を修理したい。
2 スミス先生に英語の作文を修理してもらった。
3 パソコンが動かなくなってしまったので、修理してください。
4 けがをしたので、病院に行って医者に修理してもらった。

[32] 性格 ⑯ ㉑ ㉔
1 明るい性格の歌を聞くと、元気になる。
2 私は、子どものころから走るのが速い性格だった。
3 私と妹は、おしゃべり好きな性格が似ている。
4 静かな性格のレストランで、ゆっくり食事をした。

[33] 伝わる ⑭

1 友だちから久しぶりに手紙が伝わった。
2 妹の風邪が伝わったみたいで、熱が出てきた。
3 大雪で電車からたくさんの人がバスに伝わってきた。
4 この技術は、約200年前に外国から伝わったそうです。

[34] 親しい ⑮ ㉑

1 鈴木さんとは一緒に食事をしてから親しくなった。
2 最近やっと新しい仕事に親しくなった。
3 昨日買ったコートは暖かくてデザインもいいので、とても親しい。
4 森さんは毎日車の本を見ているので、車にとても親しい。

[35] 似合う ⑯

1 みんなとダンスの動きが似合わない。
2 私と高橋さんはいつも意見が似合わない。
3 １１日ならみんなの予定が似合うので、その日に決めましょう。
4 その白いスカート、鈴木さんによく似合っていますね。

N3

言語知識（文法）
(20ぷん)

注意
Notes

1. 試験が始まるまで、この問題用紙をあけないでください。
   Do not open this question booklet until the test begins.

2. この問題用紙を持って帰ることはできません。
   Do not take this question booklet with you after the test.

3. 受験番号と名前を下の欄に、受験票と同じようにかいてください。
   Write your examinee registration number and name clearly in each box below as written on your test voucher.

4. この問題用紙は、全部で8ページあります。
   This question booklet has 8 pages.

5. 問題には解答番号の 1、2、3 … があります。
   回答は、解答用紙にあるおなじ番号のところにマークしてください。
   One of the row numbers 1、2、3 … is given for each question. Mark your answer in the same row of the answer sheet.

じゅけんばんごう Examinee Registration Number	

なまえ Name	

もんだい１ つぎの ぶんの（　）に 入れるのに よいものを、１・２・３・４から ひとつ えらびなさい。

(れい) 電車（　）会社へ 行きます。
1 し　　2 で　　3 を　　4 に

(解答用紙)
(れい) ① ② ● ④

1 庭に 植わっている 花は、きれいな 花を（　）している。⑭
1 が　　2 を　　3 も　　4 より

2 そばは ラーメン（　）カロリーが低い。⑭ ㉓
1 について　　2 にむけて　　3 にくらべて　　4 にしたがって

3 （レストランで）
山田「7時に 予約を した 山田ですが。」
店員「山田様ですね。お席に ご案内（　）。」⑭
1 まいります　　2 いたします　　3 なさいます　　4 くださいます

4 医者に「まだ ねつが あるから、（　）。」と 言われました。㉒
1 しませんでした　　2 しないように
3 しなかったのに　　4 してしまいには

5 A「週末はいつも何をしていますか。」
B「映画を（　　　）しています。」⑭

1 見たり　　2 見たから　　3 見て　　4 見てから

6 夜遅くまでテレビを見ていたら、母に早く（　　　）とおこられた。⑭

1 寝られる　　2 寝ている　　3 寝ろ　　4 寝たいか

7 インターネットで注文したセーターは、着てみるまでサイズが（　　　）が、ちょうどよかった。⑭

1 合って不安がない　　2 合ったから不安だ
3 合うし不安もない　　4 合うか不安だった

8 夫「ちょっとコンビニに行ってくるよ。」
妻「うん、いってらっしゃい。あ、コンビニに（　　　）、デザート、買ってきて。」⑭

1 行けば　　2 行っていたら　　3 行くとすると　　4 行くんだったら

9 今朝はすごい雨だったが、今はもう（　　　）。㉑

1 降っている　　2 降っていない　　3 降る　　4 降らない

10 妹は先月新しいバッグを買った（　　　）なのに、もう別のが欲しいと言っている。⑭

1 あいだ　　2 ばかり　　3 たび　　4 ころ

11 先生「困ったことがあったら、授業のこと（　　　）相談してくださいね。」⑭

1 か何かが　　2 と何かに　　3 でも何でも　　4 など何も

12 音図書館には（　）、雑誌やCDなどもおいてある。㉒

1 にあって　　2 にたべて　　3 のことで　　4 のほかに

13 高橋「鈴木さんのつくって、かわいいですね。どこで買ったんですか。」
鈴木「ああ、これは（　）、母からもらったんです。」㉔

1 買ったって　　　　　　2 買うなくて
3 買ってそくて　　　　　4 買うたんなくて

もんだい つぎの文の ★ に入る最もよいものを、1・2・3・4から一つえらびなさい。

(問題例)
　　　　　　　　　　　　　★　　　　　　　　 か。
1 です　　2 は　　3 トイレ　　4 どこ

(答え方)
1. 正しい文を作ります。
　　　　　　　　　　　　　　　　★　　　　　　　　　か。
　　　　　　　　　　3 トイレ　2 は　4 どこ　1 です

2. ★ に入る番号を黒く塗ります。

(解答用紙)　(例) ① ② ③ ●

14 プレゼントをもらう相手は、おくる相手の 　　　　　　　★　　　　　　　　 時間も楽しい。
1 選ぶ　　2 ことを　　3 考えたりする　　4 考えながら

15 書いた 　　　　　　　★　　　　　　 手紙がポケットの中にあった。
1 まま　　2 忘れていた　　3 出すのを　　4 友だちへの

16 田中さんが 　　　　　　　★　　　　　　 どうですか。22
1 よく　　2 聞いて　　3 知っているから　4 みたら

17 A「寒いですね。」
　　B「そうですね。暑が_____ですね。」⑭
　　1 たかい　　2 つよい　　3 あかるく　　4 降って(も)

18 あの_____ありません。㉒
　　1 教えて(する)　　2 ぜんぜん　　3 先生は　　4 わかりやすく

もんだい3　つぎの文章を読んで、文章全体の内容を考えて、[19]から[23]の中に入る　　　
　　　　　最もよいものを、1・2・3・4から一つずつえらびなさい。

下の文章は、留学生の作文です。

　　　　　日本でびっくりしたこと
　　　　　　　　　　　　　　　　　　　　　　　　　　　　　　　　　　　メアリー

　日本語で「わるい」は、「よくないイメージがある」と思ったのですが、日本に留学して、初めてバスに乗った時は、びっくり [19] 。
　ある日バスに乗って学校へ向かっている途中、おばあさんが [20] に乗ってきました。だから、立ちあがって「おばあさん、こちらどうぞ。」と言いました。
　 [21] 、おばあさんは「わるいね。」と言って座りました。わたしはおばあさんを困らせてしまったのに、なぜ「わるいね。」と言われたのかわかりませんでした。
　学校へ行って日本人の友だちに理由を聞いたら、友だちは「わるいね」は「I am sorry」、または「thank you」という意味があると [22] 。なるほど、わたしは納得しました。きっとおばあさんは「使わせてくれてありがとう」、ほかにもたくさんの使い方をあると思うので、これからもっともっと勉強 [23] 。

19　1　することがあります　2　したことがあります
　　3　したでしょう　　　4　してしまいます

20　1　乗っていきます　　2　乗って来ました
　　3　乗って帰ります　　4　乗っていました

21　1　そんな時　　　　　2　こんな時
　　3　その時　　　　　　4　この時

22　1　説明してもらいました　2　説明してくれました
　　3　説明されました　　　　4　説明させました

23　1　調べるだろうと思います　2　調べるだろうと思います
　　3　調べてみたいです　　　　4　調べるかもしれません

일본어 진짜학습지 시험대비 적중 특강

JLPT N3 언어지식 모의테스트 정답표

➤ 언어지식(문자·어휘)

문제1

1	2	3	4	5	6	7	8
3	2	3	1	3	4	2	3

문제2

9	10	11	12	13	14
4	2	3	2	3	4

문제3

15	16	17	18	19	20	21	22	23
2	2	4	2	2	4	3	4	2

문제4

24	25
3	4

문제4

26	27	28	29	30
4	3	1	2	4

문제5

31	32	33	34	35
3	3	4	1	4

➤ 언어지식(문법)

문제1

1	2	3	4	5	6	7	8	9
2	3	2	2	1	3	4	4	2

10	11	12	13
2	3	4	4

문제2

14	15	16	17	18
3	2	3	3	1

문제3

19	20	21	22	23
2	2	3	2	3

MEMO

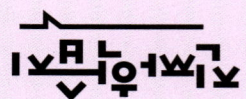

지혜나눔